Adrián Sosa Nuez

Artabán

Adrián Sosa Nuez

Artabán

El cuarto rey mago

CREDO EDICIONES

Impressum / Aviso legal
Bibliografische Information der Deutschen Nationalbibliothek: Die Deutsche Nationalbibliothek verzeichnet diese Publikation in der Deutschen Nationalbibliografie; detaillierte bibliografische Daten sind im Internet über http://dnb.d-nb.de abrufbar.

Información bibliográfica de la Deutsche Nationalbibliothek: La Deutsche Nationalbibliothek clasifica esta publicación en la Deutsche Nationalbibliografie; los datos bibliográficos detallados están disponibles en internet en http://dnb.d-nb.de.

Coverbild / Imagen de portada: www.ingimage.com

Verlag / Editorial:
CREDO EDICIONES
ist ein Imprint der / es una marca de
OmniScriptum Publishing Group
Contact: ICS Morebooks! Marketing SRL, 4, Industriala street, 3100 Balti, Republic of Moldova
Email / Correo Electrónico: info@omniscriptum.com

Herstellung: siehe letzte Seite /
Publicado en: consulte la última página
ISBN: 978-3-330-70336-0

Artabán, el cuarto rey mago

Capítulos

La paciencia es un árbol de raíz amarga pero de frutos muy dulces.

Proverbio Persa

I

Cuando le dieron la noticia no fue capaz de creerlo; pero era verdad lo que anunciaban las escrituras: el Mesías estaba a punto de nacer y la señal de su llegada se haría visible en el firmamento.

Artabán era uno de los alquimistas que más popularidad había alcanzado en la ciudad de Asur. Tanto era así que hasta el Faraón de Egipto, en una de sus visitas a las tierras de Oriente, se quedó maravillado de sus hazañas como destilador de elixires. Más de uno podía llegar a ser mortal, pero especialmente uno de ellos sobresalía por los efectos tan embriagadores y placenteros que originaba; él lo llamaba "el agua de la alegría". Antes de marcharse, Ramsés le ofreció todas las tierras que desease del gran país del Nilo, pero el mago tenía en mente otros proyectos mucho más importantes que los de ser un mero terrateniente en un país extranjero.

En aquel tiempo el rey Darío, uno de los más sanguinarios y violentos de todos los monarcas que había tenido la gran Persia, se encaminaba por el desierto hebreo al encuentro de las tropas gobernadas por Alejandro Magno, un joven emperador sediento de poder que anhelaba acabar con la hegemonía persa que tantos siglos había perdurado al este de las tierras hititas. Todos los hombres de la ciudad habían sido llamados a filas, pero el general Al–Farabi creyó conveniente dejar a cargo de la fortaleza a los cuatro grandes místicos del imperio, entre los que se encontraba Artabán.

Melchor había llegado a Asur cuando solo contaba con la edad de cuatro años. Sus padres habían creído que lo mejor para su hijo, viendo la facilidad con la que adquiría todo tipo de saberes, era trasladarse a una tierra en la que manase cultura por doquier. Solo con saber leer, los jóvenes ascendían rápidamente a un cargo en la corte, y si además destacaban en alguna ciencia pasaban a formar parte de la boyante aristocracia. Zaratustra había dejado una gran huella en todo el imperio, y sus dogmas eran tan respetados que nadie podría resistir la vergüenza de verse acusado de renegado; Melchor se convirtió a la fuerza, y ello marcó profundamente su visión del mundo. En la fortaleza de Asur había convivido, la mayor parte de su infancia, con tres zagales que despuntaron en distintos saberes.

El primero de ellos se llamaba Gaspar, un joven de cabello ocre que poseía el don de la bondad. Éste era moabita de nacimiento y, de niño, solía visitar el templo en donde dejaba perplejo a los ancianos del consejo con su dominio del arte de los números, más conocido como matemáticas. Cuando fue creciendo, Arkan, Sumo Sacerdote de Moab, se encargó de su instrucción y de su perfeccionamiento en el ámbito del cálculo. Sabía que el muchacho era capaz de desbancar, en igualdad de condiciones, a las grandes figuras legendarias de la lógica entre las que ya se encontraba el venerable Pitágoras. La fama del chico llegó a ser tal que, durante la invasión que sufrió Israel por parte de los persas, se lo llevaron a uno de los focos culturales más señalados, la lejana ciudad de Asur.

El segundo, llamado Baltasar, se encontraba en su zigurat tendido entre los montones de paja que había preparado para descansar entre la investigación de la mañana y la experimentación de la tarde. Avanzó mucho en el cometido de catalogar las estrellas que para el ojo humano eran imposibles de divisar; para ello, se valió del curioso astrolabio que consiguió mediante una operación de trueque con un comerciante de occidente, el cual se quedó maravillado con la gran perla del Mar Rojo que el místico le había dado a cambio. La astronomía era la ciencia más antigua y la que al mago negro mejor se le daba; algunos años vivió de ella como instructor de la joven clase noble griega, llegando incluso a entablar conversación con el mismísimo Aristóteles, uno de los hombres más prestigiosos de todas las polis helenas. Lo que más le fascinó del país de los filósofos fue la cantidad de instituciones que se habían creado en favor de la enseñanza; Grecia quería ser un imperio poderoso y, para ello, necesitaba de gobernadores altamente instruidos que garantizasen un mínimo de estabilidad política.

Todas las noches miraba las estrellas con la esperanza de encontrar la señal de la que tanto había oído hablar al misterioso pueblo hebreo. Esperaban un libertador, un rey de reyes, un líder, alguien que les asegurase poner fin al cruel periodo de esclavitud que había mermado la fe del pueblo. Antes de caer en manos persas, Asur perteneció al fastuoso imperio Mesopotámico, el cual había sometido a dura servidumbre a los antepasados del ahora pueblo judío. Se les obligó a renegar de sus creencias induciéndoles a alimentarse de la carne del cerdo, un animal para ellos impuro, y que significaba tirar abajo toda una vida de servicio y obediencia a su respetado dios Yahveh. La intriga del gran rey Nabucodonosor no se hizo esperar, e hizo que se investigara hasta el último resquicio de la cultura hebrea, llegando incluso a demandar información acerca de sus esperanzas de salvación. No fue poco lo descubierto y, por encima de todo, destacaba el anuncio de la llegada del Hijo de Dios que pondría fin a la tiranía y que enaltecería a su pueblo sobre toda la faz de la tierra.

Todos sus saberes los ponían en común, ya que sabían que esa era la única manera de lograr los objetivos anhelados. La presión a la que los magos estaban sometidos iba aumentando cada vez en mayor medida debido a que la esperanza de toda la prole del reino estaba puesta en ellos, sobre todo en el ámbito de la medicina. Los egipcios habían sido muy superiores a ellos en ese aspecto, llegando incluso a llevar a cabo procesos embalsamatorios con el fin de que los difuntos en cuestión llegasen algún día a la patria celestial. Al principio estas prácticas solo repercutían a las clases nobles, pero posteriormente terminaron por generalizarse. También en Mesopotamia la salud era lo más importante, y los hombres que de ella gozaban eran considerados como los predilectos del gran dios Ahura Mazda.

Si en Asur alguien se había ganado la fama de ser capaz de sanar hasta la más grave enfermedad, ese era Artabán; en las pocas ocasiones que no llegaban a curar sus pociones a base de hierbas, por lo menos sí ayudaban a aliviar las dolencias. Pocos eran los iniciados en esta ciencia, ciertamente influidos por el temible código Hammurabi en el que se describían el tipo de torturas a las que se debía someter cualquier médico en caso de negligencia.

Los cuatro eran muy queridos, tanto por la relación que mantenían entre ellos como por su lucha constante en favor de buscar el bien del pueblo. Esa era su filosofía de vida, la de hacer lo correcto sin buscar nada a cambio.

Si uno embrujó a otro y no puede justificarse, el embrujado irá al río, se arrojará; si el río lo ahoga, el que lo ha embrujado heredará su casa; si el río lo absuelve y lo devuelve salvo, el brujo es pasible de muerte y el embrujado tomará su casa.

Ley del Código Hammurabi

II

Artabán y los suyos habían sido citados por el general al amanecer. Al–Farabi tenía fama de ser una persona tosca, con la que muy pocas veces se podía entablar una conversación; por el contrario, los magos habían conseguido ganarse su afecto y, gracias a eso, podían vivir con ciertos lujos de los que muy pocos ciudadanos podían disfrutar. Les suministraba toda clase de manjares, vestimentas no pocas veces suntuosas, así como otro tipo de bienes en sufragio de todos los progresos científicos que lograban. Sin embargo, la parte negativa era que la exigencia tanto por parte del general como por parte del gran rey Darío cada vez se agudizaba más. Al llegar a la fortaleza el recibimiento de los anfitriones alentaba a sospechar que algo iba mal.

–Mis queridos amigos–saludó el general. –Por favor, sentaos– hicieron caso a las órdenes recibidas y se prepararon para oír algo que probablemente les iría a incomodar. –Como bien sabéis, el gran Darío se dirige al embate que tendrá lugar muy seguramente en tierras fenicias–ellos asintieron en forma de reverencia. –Según augura nuestro zodiaco será la batalla más cruenta a la que el Imperio Persa jamás se haya enfrentado. El problema más inmediato es que se nos agota el armamento y se nos hace necesario recurrir a los herreros de las montañas del Kurdistán; desgraciadamente el oro no cae de los árboles, pero sé que vosotros podéis lograrlo fabricar. Hace un año que os pedí esa piedra filosofal, y es ahora cuando os la demando con urgencia–.

–¡Oh, mi grandísimo general! Bien sabe nuestro sagrado Ahura Mazda que hemos hecho lo imposible por cumplir vuestros deseos– contestó Gaspar. –No hay noche en la que no velemos por convertir el inútil plomo en preciado oro, pero sé que necesitamos aún de tiempo–.

–Hombre que avisa no es traidor–dijo secamente el general. –Solo os advierto de que Darío no mandaría a sus más altos dignatarios para informarnos de un asunto irrelevante. Por lo que intuyo de vuestras palabras el asunto se dilata más de lo esperado, y si presumo de algo es de haber experimentado en mi propia carne que la paciencia de Darío no tarda en agotarse. No me puedo presentar ante él con un simple néctar que para lo único que sirve es para distraer la melancolía–sentenció Farabi.

Tras la reprimenda del general, volvieron a sus quehaceres cargados con la angustia propia de quien siente la impotencia corriendo por sus venas. Como acostumbraban, al anochecer se reunieron los cuatro para charlar de todo lo acontecido en el día. No había noche en la que los magos no brindaran con el misterioso brebaje de Artabán; precisamente ese fue el tema central del diálogo.

–Es asombroso y sé que cuesta creerlo, pero ya es la quinta vez que me vienen a contar lo maravillosa que resulta mi agua de la alegría para calmar las molestias que provocan los males de espíritu –dijo Artabán. –Si cobrara por ella seguro que mis bienes se multiplicarían hasta la saciedad.

–Ya sabes lo que dice el juramento hipocrático, y lo que compromete a quien jura cumplirlo–señaló Melchor–.

–Te lo podría recitar de memoria–contestó Artabán. –Pero lo que me inquieta, mi querido Melchor, es que me empiezo a creer lo que dice la gente de ese líquido. Si te fijas, nosotros desde que empezamos a tomarlo hemos gozado de férrea salud, por no decir que hasta os veo mucho más jóvenes de lo que deberíais aparentar a vuestra edad–.

–¡Sandeces!–Gritó Baltasar desde el otro extremo de la mesa. –Bien sabemos que si con los medios de los que disponemos es imposible conseguir la piedra filosofal, cuanto más lo será conseguir el elixir de la vida–.

–No te entiendo Baltasar–replicó Gaspar. –Cuanto empeño pones en creer y en trabajar para ese supuesto rey de reyes que las constelaciones auguran, y cuantos obstáculos pones para ni tan siquiera respetar el gran fruto que cada uno de nosotros puede llegar a conseguir por el bien de la raza humana–.

–Ojalá sea lo que tú crees Artabán, pero te aseguro que si estás en lo cierto no sería lo mejor el anunciar a los cuatro vientos algo que tanto poder puede llegar a albergar–indicó Baltasar.

Baltasar tenía razón. Resultaría estúpido comunicar tal hallazgo a los mandatarios, ya que seguramente caería en manos indebidas en un abrir y cerrar de ojos. Confiaba en sus amigos, pero el general ya era agua de otro costal; por mucha afinidad que tuviera con ellos todo militar tenía un precio. Al terminar la charla se dirigieron a sus aposentos.

El día habría comenzado como cualquier otro de no ser por la presión que la piedra mágica les hacía soportar. Para mayor gravedad, las noticias que llegaban del frente no eran muy esperanzadoras; el rey Darío se había visto forzado a emprender retirada en dos ocasiones, y lo más peligroso era el hecho de que Alejandro ya no le temía lo más mínimo.

Artabán solía ir a recolectar toda clase de hierbas semanalmente; aunque no eran las más valiosas, las espinacas bien trituradas servían para aplacar el escozor de las heridas. Éstas se encontraban en zonas de muy difícil acceso, por lo que cuando iba en su busca siempre le pedía a uno de sus hermanos magos que le acompañase. Ese día disfrutaba de la compañía de Gaspar, y no podía dejar pasar esa oportunidad para comunicarle aquello que guardaba para sí y que anhelaba compartir con alguien.

–Gaspar, sabes que valoro quizá excesivamente tu opinión–dijo. –Por ello quiero hacerte partícipe de la idea que me viene acosando desde que tengo uso de razón–.

–Sin duda que trataré de responderte tan acertado como me sea posible–respondió Gaspar.

–Lo que deseo es que me muestres tu postura acerca del rumor de la venida del Hijo de Dios–indicó Artabán.

–Te conozco lo suficiente para saber que me preguntarías

precisamente eso–comentó Gaspar. –Considero oportuna tu pregunta y te debo hacer saber que yo creo ciegamente en esa venida. Los hebreos han demostrado que el verdadero dios de dioses no es otro que el Señor, al que ellos denominan Adonai–.

Casualmente también era esa la respuesta que Artabán esperaba.

El que no cree en la magia nunca la encontrará.

Roald Dahl

III

Por fin lo había logrado. Melchor podía presumir de tener entre sus curtidas manos la sublime piedra mágica. Ahora las tornas cambiaban y parecía que eran los persas quienes podían aspirar al dominio mundial. La fórmula por la que muchos sucumbieron había estado delante de él todo el tiempo, pero fue un golpe de suerte lo que logró culminar el descubrimiento. Justo antes de su partida al mercado, Melchor había estado investigando, como lo hacía diariamente, el teorema de Pitágoras; en dichos cálculos se encontraba la proporción exacta de roca negra que era necesaria para mantener la estabilidad en el proceso áurico. Hasta ese momento lo había ignorado, pero bastaba añadirle al experimento un trozo de cuarzo para que la mezcla fuese efectiva. Cuando certificó la hipótesis fue directamente a comunicárselo a sus compañeros.

–¡Dios ha oído nuestras súplicas hermano!–Gritó Melchor exaltado. –Ten, cógela tú mismo y créelo–le dijo a Gaspar mientras le acercaba la piedra.

–Veo que lo has conseguido–contestó Gaspar. –Pero sabes igual que yo el motivo de por qué nos han mandado a conseguirla; mucha gente morirá por su causa y no me gustaría vivir para ver lo que ha de suceder.

–Gaspar, el enemigo no es misericordioso; en este caso la ciencia es el último recurso que puede frenar al semidiós Magno–indicó Melchor exasperado. –No sé tú, pero yo amo mi cultura y no dejaré que me la arrebaten pudiendo hacer algo por evitarlo–.

–Eres igual de pasional que lo que eres de sabio, y eso te honra hermano, así que te acompañaré en tu comparecencia ante Al–Farabi–respondió Gaspar.

Antes de la acordada cita vespertina con el general, la noticia había llegado a oídos de los otros dos magos.

–Su excelencia, aquí la tiene–dijo Melchor dirigiéndose al general.

–No sé si ya le valdrá de algo a nuestro rey–respondió. –Lleva más de dos semanas de retirada, y la última emboscada diezmó nuestro ejército lo suficiente como para dar por perdida esta guerra. Quiere que os saque de esta tierra, que pronto será griega, para llevaros a un sitio seguro en el que os podamos encontrar en caso de que milagrosamente logremos controlar esta catástrofe infernal. Lo único que os pide es que hagáis un juramento de lealtad ante las tablas sagradas; yo, en cambio, os pido que no reveléis este valioso secreto aunque os vaya la vida en ello–.

Lamentablemente, las noticias del general no eran nada esperanzadoras tanto para el futuro de la población como para el propio ejercicio alquímico de los magos; si era verdad lo que comunicaba el alto mando, todos los hombres del país serían degollados a espada, y tanto las mujeres como los niños serían deportados para servir como esclavos en territorio heleno.

Se había cumplido justo un mes desde la salida de los magos de Asur. Flanqueaban la frontera mongol y se dirigían al pequeño poblado de Asdod, en cuyas proximidades les esperaría una comitiva que les ayudaría a entrar en dicho lugar sin llamar demasiado la atención.

Asdod era mucho más bello de lo que sugerían los comentarios de los paganos; aunque se apreciaba poca ostentosidad en sus gentes, los paisajes lograban paliar ese hecho. Además, la tranquilidad de la zona poco hacía intuir que no muy lejos de allí, en dirección oeste, se estaba fraguando un intenso episodio bélico. Nadie había en Asdod que no tuviese los ojos rasgados y la nariz chata, algo que hacía todavía más estrafalario si cabía el aspecto de los magos. Una vez cobrados los honorarios, los acompañantes extranjeros les dejaron en una especie de chozas un poco alejadas del poblado; gracias al hallazgo alquímico, ahora no tendrían recelo en derrochar su inagotable fuente de oro en toda clase de necesidades que se les presentasen.

Artabán solo quería pensar en su tarea de la recolección, de lo contrario no dejarían de venírsele a la cabeza las imágenes del dolor que estarían sufriendo todos las personas de su pueblo natal en ese mismo instante. También los demás hermanos decidieron atarearse para olvidar el mal trago por el que estaban y estarían pasando más tiempo del que jamás hubieran deseado.

Una vez muerto Darío, el gran Alejandro Magno se había autoproclamado dueño y señor de toda Asia Menor; sus ansías de conquista aún no se saciaban, y ya preparaba otro ejército para una nueva empresa que comenzaría en la falda este del Indo. Su sueño era el de ser el emperador de toda la tierra conocida.

Los magos habían sido informados de la desmembración de su nación, y temían que de un momento a otro Alejandro se presentase en Asdod con sus temibles tropas. Todos los que sabían de la existencia de los cuatro alquimistas habían sido aniquilados o desterrados, suceso que hacía presagiar que su valioso secreto se iría con ellos a la tumba; si no se convertían en esclavos de los griegos, por primera vez en sus vidas serían hombres libres.

En Asdod no existían guerreros, ya que en muy pocas ocasiones habían entrado en conflicto con algún pueblo vecino que reclamaba tributo. Las casas estaban hechas de un material que prendía con mucha facilidad, por lo que cualquier ascua, por pequeña que fuese, acabaría con el pueblo en un abrir y cerrar de ojos. Estaba claro que el refugio elegido por Al–Farabi para sus súbditos no podía haber sido peor. Con unas pocas pepitas consiguieron sobornar a una joven de un pueblo vecino para que les avisase en cuanto atisbase el más mínimo riesgo que pudiese poner en peligro sus vidas. Ahora solo les serviría rezar y esperar.

Anochecía cuando Artabán vislumbró en el horizonte la silueta de su mensajera aproximándose muy velozmente. Sus facciones delataban que traía noticias esperanzadoras.

–Mi señor, le traigo noticias muy importantes–musitó la joven–.

–Revélamelas–contestó Artabán–.

–Hace tres días que el general griego Seleuco dio marcha atrás en las montañas del norte–indicó. –Su infantería no resistía por más tiempo la fuerte caballería del enemigo, y se han rendido devolviendo gran parte de los terrenos ocupados.

–¿Y qué es de Alejandro Magno?–Preguntó Artabán.

–Cayó gravemente enfermo; según mis fuentes por un mal de estómago, pero lo que yo creo es que ha sido envenenado–respondió la mujer.

Por las palabras de la joven, Artabán consideró que la causa de la retirada griega no solo se trataba de una simple inferioridad armamentística, sino de toda una trama de intereses ocultos entre los hombres cercanos al emperador, algo que con el paso del tiempo supondría el fin de la guerra.

La edad del hombre, visto desde dentro, es la eterna juventud.

Hugo Von Hofmannsthal

IV

El periodo de paz ya se había dilatado más de veinte años. Tras la guerra, Asur quedó reducida a escombros; nada había ahora allí que a los magos interesara. Pero en Asdod las cosas eran muy diferentes, sobre todo en cuanto a la calidad de vida. Esta tranquilidad de la que gozaban provocó grandes avances alquímicos en los magos; lo más relevante fue que el hallazgo de Melchor había quedado en un segundo plano al descubrirse que Artabán convirtió al grupo en inmortal. Ahora sí que no había dudas, las huellas del tiempo no se dejaban ver en los magos ya que el más joven había descubierto el elixir de la vida.

Vivían eternamente; generaciones que pasaban y generaciones que llegaban. Lazos afectivos superficiales para no sufrir en demasía las pérdidas. Solo se tenían entre ellos y, gracias a Dios, nadie había que deseara sus muertes. La vida había adquirido otro cariz. Los afanes temporales ahora ya no los eran, y los desarrollos culturales les dejaban boquiabiertos. El tiempo era lo más duro de soportar. Un día era para ellos como una semana, y las ansias por vivir poco lugar encontraban. En ocasiones llegaban a desear la muerte, que si no la provocaban, solamente les llegaría mediante la decapitación o el desangramiento.

–Solo de ilusiones se vive–señaló Gaspar.

–¿De qué si no?–Matizó Melchor.

Únicamente Baltasar tenía la ocupación que conseguía alejar la tristeza. Seguía mirando el firmamento convencido de que de un instante a otro, según confirmaban los cálculos de Gaspar, aparecería la esperada señal. Los aparatos que usaba se fueron perfeccionando cada vez más con el paso del tiempo; ahora no se despegaba del óculo con el que había conseguido predecir los dos últimos eclipses de Sol.

La esperanza del astrónomo empezaba a decaer y la noche se había convertido en el mayor de sus enemigos; pensaba si verdaderamente la vida valía la pena, si era cierta la existencia de un Dios que fuese pura gratuidad. Una noche, justo antes de ser vencido por el sueño, algo le decía que mirase a lo alto en dirección este. No hizo sino alzar la vista y ahí estaba, la estrella más majestuosa que ningún hombre podría siquiera imaginar, ni la mismísima Polar podía igualársele; la promesa de antaño se había cumplido.

"Oh mi señor, cuán grande eres y cuán pequeño me siento a tu lado. La salvación nos aguarda." Pensó Baltasar.

El momento había llegado, el tiempo apremiaba y debían ponerse en marcha lo más velozmente posible. El niño estaría a punto de nacer y la estrella les guiaría en dirección a su aposento. Las ofrendas que llevarían ya estaban asignadas; a Melchor le tocaría llevar oro, mirra a Gaspar, a Baltasar incienso y al menudo Artabán aceite y vino en gran cantidad. Poco sería lo que le llevasen, pues según la profecía ese niño redimiría a su pueblo de todos los males. Habían acordado dirigirse al rey judío Herodes para darle de primera mano la noticia; daban por seguro que éste les mostraría su apoyo y que además colaboraría con ellos, de lo contrario lo embaucarían. Además tenían a su favor el conocer a la perfección su lengua, ya que tiempo atrás observaron que el arameo y otros dialectos les serían vitales para su misión, esforzándose así en su estudio.

Se hicieron con los mejores camellos de todo oriente y partieron con la primera luz del alba. Todo apuntaba a que sería un viaje sin mayores perturbaciones, pero el desierto poco afamaba de previsible. La primera noche se presentó un fuerte viento de poniente que puso en peligro la mayor parte de las provisiones; afortunadamente estaban preparados para ello, pues Melchor se había traído consigo algunas cuerdas con las que lograron atar todo fuertemente para que nada se dispersase.

La siguiente jornada comenzó a mermar las fuerzas, sobre todo por el intenso calor que conseguía embotar el pensamiento. Noche tras noche eran guiados por el fastuoso astro que dibujaba un bonito contorno en el oscuro cielo y que brillaba sin duda con una luz que muy pocas veces se podría apreciar en vida. Casualmente la dirección por la que iban era por la que siglos atrás había llegado el Imperio Griego para arrasar con todo a su paso; ahora iban ellos en dirección contraria y justamente para sembrar esperanza donde nunca antes la había habido.

–A este paso llegaremos a nuestro destino en treinta o cuarenta puestas de sol–indicó Baltasar.

–Si el viento se calma, creo que incluso llegaríamos antes–objetó Gaspar.

–A propósito de eso que dices te comunico que la Osa Menor me augura que muy pronto el desierto nos pondrá a prueba–dijo Baltasar.

–Por la expresión de tu tez opino que mis cuerdas no bastarán para superar dicha prueba, y un retraso supondría poner en riesgo nuestra misión–comentó Melchor.

–Amigos míos, tranquilizaos; el Señor proveerá–sentenció Artabán.

No hizo sino terminar de hablar Artabán cuando surgió de la nada un grupo de unos veinte soldados con aspecto de mercenarios que se les aproximó muy raudamente. Parecían de las tierras del norte, incluso hasta asemejaban rasgos bárbaros propios de lugares tan remotos como el mismo horizonte. Las miradas que lanzaban ya hacían pensar de que su pasado estaba marcado por la hostilidad. Uno de los que parecía ser el jefe se lanzó a hablar en una lengua muy parecida a las suyas.

–¡Alto forasteros!–Dijo secamente–¿Hacia dónde os dirigís?–

Preguntó.

–Amable señor, venimos desde muy lejos para zanjar un asunto comercial allá por las tierras de Palestina–contestó Melchor.

–¿No sabéis que transitáis por una zona muy peligrosa?–Inquirió el soldado líder. –Las tormentas de esta demarcación son devastadoras; no se conoce a nadie que haya logrado cruzar con vida este paraje–indicó.

Los magos intuían que los extraños querían disuadirlos de penetrar en un sector que habrían tomado ellos mismos a la fuerza, evitando así cualquier intento de espionaje que les pudiera perturbar.

–Sin duda le agradecemos el consejo–dijo Melchor. –Cambiaremos de ruta enseguida–.

–Hacéis bien–contestó el soldado. –Estoy seguro de que los buitres de aquí ya están más que saciados–dijo irónicamente.

Con el comentario del líder, toda la tropa comenzó a carcajearse a costa de los magos; aprovecharon también para burlarse de sus vestimentas.

En tiempo del rey Herodes, unos magos que venían del Oriente se presentaron en Jerusalem diciendo...

Evangelio de San Mateo

V

El cambio de ruta inesperado les había hecho perder mucho tiempo, aunque si aligeraban todavía no era tarde para llegar a la hora debida. Días atrás comenzó a escasearles el agua y, casi milagrosamente, encontraron un oasis en medio de la nada mediante el cual repusieron sus provisiones de líquido vital hasta los topes. Pocas habían sido las personas que se habían cruzado con ellos por el desierto; al grupo de mercenarios solo se le sumaban una pareja de vendedores de especias que no poco insistieron a los magos para que pujasen por sus inútiles mercancías en un sitio tan alejado del mundo civilizado. La tormenta anunciada por Baltasar parecía haberse arrepentido y abundaba una calma casi anormal para aquel lugar perdido de la mano de Dios.

–No encuentro mi óculo, pero es obvio que vamos en la dirección correcta–comentó Baltasar.

–Así es–respondió Artabán. –De lo contrario sería la primera vez que una estrella logra despistarte–.

–Aunque esos farsantes querían perjudicarnos, llegaremos según las expectativas que Dios tiene puestas en nosotros–dijo Gaspar–¡Qué mejor bienvenida para su retoño que la de quienes han logrado descubrir uno de los grandes secretos divinos!–Sentenció.

Estas últimas palabras poco humildes de Gaspar parecieron incomodar al Señor puesto que inmediatamente la tarde se cerró en tinieblas. Casi de manera insólita comenzó a diluviar muy fuerte, y como buenamente pudieron intentaron resguardarse de la vasta tormenta. Artabán estaba muy desprotegido y decidió distanciarse de sus hermanos, caminando largo rato en busca de algo que le ayudase a serenar aquella insoportable situación. Si su vista no le engañaba, vislumbraba a lo lejos una pequeña choza en donde podía pedir refugio por aquella noche. No era muy grande a simple vista, pero sería lo suficientemente útil para aportarle el calor que sus huesos tanto ansiaban. Estuvo algún tiempo intentando atisbar algo de vida en su interior, pero la tormenta no hacía más que molestarle propinando que sus insistentes gritos solo fueran leves murmullos en el vacío. Agotadas ya todas las posibilidades de entrar, intentó retomar la senda que llegaba hasta sus hermanos cuando de repente la oscura puerta se entreabrió, y una figura varonil bastante menuda y descuidada salió de la penumbra en busca de respuestas.

–¿Quién anda ahí?–Preguntó temblorosamente.

–Venerable anciano, necesito posada por esta noche–respondió Artabán.

–¿De dónde eres extranjero?–Volvió a preguntar.

– Soy un peregrino que viene desde las lejanas tierras de oriente– indicó el mago.

–Pues pasa, que fuera hace mucho frío–le invitó amablemente el anciano.

El hogar de aquel pobre hombre distaba mucho de ser un lugar acogedor, pero las opciones de Artabán aquella noche no parecían ser muchas. El anciano, como buen anfitrión, lo convidó a su mesa y le brindó algunas frutas, algo de pan y un poco de vino. No era gran cosa, pero su necesidad le hizo saborear aquellos víveres como si fueran manjares. Comenzaba a preocuparse por aquella tormenta y le preguntó al viejo cuánto distaba el poblado más cercano, a lo que respondió que un día en dirección este. El lugar en cuestión era llamado Cafarnaúm y sus gentes se ganaban la vida mediante el oficio de la pesca.

Cuando empezó a amanecer, los tres amigos de Artabán comenzaron a deshacerse de toda la gran cantidad de arena que la noche anterior se había acumulado tanto en sus ropajes como en sus enseres. Rastrearon la zona en busca de su hermano perdido, pero solo hallaron restos de lo que poco antes formaría parte de sus ahora derruidas y extraviadas posesiones. No sin remordimientos por la angustiosa situación, decidieron que lo mejor sería partir sin dejar de rezar para que pronto el Señor los pudiese reunir a todos nuevamente.

Mientras, Artabán revisaba la puesta a punto de su animal; parecía poco afectado físicamente a causa del episodio tormentoso, por lo cual no tenía ya nada que hacer en aquel lugar debiendo partir lo antes posible para evitar un excesivo trecho entre él y los suyos. Fue a despedirse del amable señor cuando éste le insistió para que se quedase por lo menos hasta el atardecer, ya que un grupo de maleantes le había cercado días atrás chantajeándolo para que soltase todo lo que tuviese de valor y tenía miedo de volver a revivir en soledad aquel vil suceso. El mago relacionó las palabras del hombre con el mismo grupo que la semana anterior le había forzado a desviarse de un camino que tenía fama no solo de ser el más corto, sino además de ser uno de los más seguros; por ello, considerando que no se trataba de una estratagema con dobles intenciones, aceptó la propuesta del anciano como tributo a sus favores.

La guardia herodiana no dudó ni un instante en alzar las armas ante quienes parecían ser unos vándalos del tres al cuarto. La impresión no fue menor cuando descubrieron que a pesar de lo extraordinario de sus apariencias, se trataba de un grupo de exquisitos modales que solicitaba audiencia con el soberano de Galilea. Previendo la dificultad de lograr sin más recibimiento, los tres extraños se presentaron como los magos de oriente mandados por el mismo Dios para comunicar lo anunciado en las profecías. El interés de Herodes en conocerlos fue inmediato y ordenó a sus súbditos una buena acogida que no espantase a los únicos personajes que le podrían ayudar a sobrellevar aquel monótono día.

El palacio de Herodes no era ni mucho menos comparable a la grandiosa mansión del ahora difunto Al–Farabi, pero su asemejo con el corte de arquitectura griega lo hacía bastante lujoso para un rey modesto como él. No era judío de nacimiento, razón más que suficiente para contar con el incondicional apoyo romano–imperio sucesor del alejandrino al que estaban igualmente sometidos– y para provocar que el Sanedrín fuese controlado por sus paisanos los idumeos.

–¿Dónde está el rey de los judíos que acaba de nacer?–Preguntó Melchor– Hemos visto su estrella en el oriente y venimos a adorarlo.–

–¿Qué otro rey podéis pedir aparte del que tenéis justo delante vuestro?–Contestó Herodes–.

–Nosotros hablamos del anunciado por Dios, que no es de este mundo y que acabará con la injusticia de una vez por todas–matizó Gaspar.

La conversación continuó hasta llegar a convertirse en un diálogo sin sentido, por lo que los magos no vieron otra salida que la de marcharse con las manos vacías. Pero tanto Herodes como toda Jerusalén tras ser advertida se sobresaltó con la buena nueva, por lo que se convocó a todos los jefes de los sacerdotes y a los maestros de la ley y se les preguntó dónde tenía que nacer el Mesías. Éstos respondieron repitiendo las sentencias del libro de los *naví:*

–Y tú, Belén, tierra de Judá,
no eres, ni mucho menos, la menor
entre las ciudades principales de Judá;
porque de ti saldrá un jefe,
que será pastor de mi pueblo, Israel.

Las palabras de la Torah no parecieron convencer al incrédulo rey, pero por evitar cualquier revuelta que pudiese hacer tambalear su trono ordenó matar a todos los niños de Belén y de todo su término que tuvieran menos de dos años, de acuerdo con la información que había recibido de los magos.

Ya la virgen está encinta y da a luz, un niño al que pone el nombre de Emmanuel.

Is 7,14

VI

Artabán consiguió llegar a Cafarnaúm no sin pasar por algunos obstáculos de poca importancia. Mayores e inesperados eran los problemas que iba a encontrar en aquella ciudad remota, en la cual reinaba un caos tan palpable que hasta la densidad del ambiente hacía costoso el respirar. No había ánima en la calle, y lamentos acompañados de llantos abundaban de casa en casa. Escuadrones enteros de soldados con escudos ornados de águilas metálicas hacían a lo que a la vista del mago parecían saqueos. Dentro de esta vorágine, el místico topó con la única persona que por su circunstancia lograba alienarse de tanto sufrimiento, quién iba a resultar ser un invidente.

–Perdone buen hombre, ¿sería osado por mi parte preguntarle acerca de lo que por estos lares acaece?–Preguntó Artabán.

–Osadía sería el no contestarle, que aunque ver no pueda, muy bien informado estoy de todo lo que sucede–respondió el ciego. Tras una breve pausa continuó. –Ciego de nacimiento soy, y doy gracias al cielo de que en mis días me haya dejado sin ver lo que el impío de Herodes ha ordenado hacer aquí. Si inhumano es matar a las inocentes criaturas, sin duda que éste miserable lo es–.

–Discúlpeme, pero no acabo de entender lo que me quiere hacer saber–señaló Artabán conmovido por la descuidada apariencia de su inmediato.

–No es otra cosa sino que la chispa que encendieron unos profetas venidos de Oriente ha estallado en forma de magnicidio en pos de aniquilar al reciente mesías nacido–volvió a responder el mendigo.

Atónito tras las palabras oídas por boca del indigente, se percató de la gravedad del asunto que acosaba tanto a la comarca como a sus propios hermanos. Pensó que el mesías, de haberse cumplido el plazo para su nacimiento, habría escapado desde el comienzo del sangriento atropello. Antes de poner rumbo en busca de ellos, llegó a la conclusión de que si ayudaba a aquel pobre hombre quizás obtendría alguna pista en relación al paradero de alguno de los suyos. Por suerte, no muy lejos de allí su vista alcanzó a ver una posada que al parecer no estaba cerrada; llevándolo de la mano, lo acompañó hasta la presencia del posadero y allí le dejó pagada su estancia como para alrededor de diez días, un periodo bastante amplio que le otorgaría volver a preguntarle al indigente por cualquier novedad que aconteciera siempre y cuando sus opciones se acabasen. Muy agradecido quedó el ciego de nacimiento, pero no quiso contarle nada más de lo que ya le había dicho por miedo a represalias por parte del rey, teniendo en cuenta que los secretos por aquel lugar desde que se compartían dejaban de serlo. Contrariado consigo mismo, Artabán meditó profundamente preguntándose acerca de por dónde comenzar a buscar y de repente, como caída del cielo, la respuesta le vino a la cabeza. Pidió al posadero que tratase de la mejor manera posible a su huésped, se despidió de ambos y se dirigió al templo.

–Sabía que aquí os encontraría–dijo Artabán.

–¡Oh, querido hermano! ¿Dónde has estado todo este tiempo?– Preguntó Gaspar.

–Eso es irrelevante ahora–respondió secamente Artabán. –Lo que importa es si vosotros habéis cumplido con lo estipulado–.

–Lo hemos hecho, pero no todo ha salido según nuestro propósito–intervino Baltasar. –El ungido marcha con sus padres hacia Egipto.–

–Por lo menos dejadme saber su nombre–pidió Artabán.

–Su nombre es Jesús–respondió Melchor hundido.

El templo había cambiado considerablemente respecto a la época en la que el pequeño Gaspar asistía maravillado, en parte por lo hermoso de su estructura pero también, y con mucha mayor razón, por la cantidad de personas que entre sus muros transitaba. Al Sumo Sacerdote había que sumarle un gran número de levitas, concebidos como los proletarios del templo. También abundaban los denominados escribas, aquellos especialistas de la ley encargados de actualizar las escrituras. Pero lo verdaderamente interesante era contemplar como toda aquella gente no hacía otra cosa en su vida que servir al Dios vivo ofreciéndole culto día tras día.

Los sacerdotes ya eran conscientes de la presencia de los magos mientras que ellos, sin tener en cuenta lo que pasaba a su alrededor, continuaban su coloquio.

–Os imploro que me relatéis lo acontecido en dicho encuentro– solicitó Artabán.

–Digno es de ser contado, aunque no debería ser pregonado– indicó Baltasar. –Belén, al igual que otras zonas de Galilea, se encontraba atemorizada tras el mandato del gobernador. Intentando pasar desapercibidos, la estrella nos guío hasta el lugar en el que había nacido y en el que aún permanecía escondida la criatura. La puerta estaba abierta, y la que después resultaría ser su madre nos hizo señas para que accediéramos al interior. Una vez allí, nos presentamos y así también lo hicieron los que allí se encontraban; la madre de Jesús se llamaba María, y el esposo de la misma José. No parecían muy sorprendidos, y ni mucho menos asustados, de nuestra posiblemente entendida como inusual visita, mas con su bienvenida nos dieron a entender que de alguna manera esperaban nuestra llegada. Les entregamos los presentes y quedaron muy agradecidos, tanto que prometieron rezar al Señor por nosotros. Nos despedimos y al día siguiente nos enteramos de que habían partido rumbo al desierto del Negueb–.

–No puede ser que esto me pase a mí después de todo a lo que he renunciado para poder disfrutar de ese momento único–respondió Artabán. –Iré en su busca hasta que lo encuentre–.

–Creo que no sería lo más conveniente–dijo Melchor. –Quédate con nosotros, de lo contrario no estarías a salvo en este territorio inhóspito–.

–Respóndeme entonces hermano, ¿qué gano yo después de haber

vivido tantos años?–Preguntó Artabán– De no lograr lo que ansío me convertiría en un pobre infeliz que vaga sin sentido por un camino equivocado. Me niego a ser el eterno hazmerreir de mi honorable estirpe–.

Aunque no dejaba de amenazar con su propósito, los hermanos lograron que Artabán pasase aquella noche con ellos cerca de allí en la casa de un funcionario romano que les había dado alojamiento a cambio de unas cuantas virutas de oro.

Bienaventurado el hombre que halla la sabiduría, y que obtiene la inteligencia; Porque su ganancia es mejor que la ganancia de la plata, y sus frutos más que el oro fino. Más preciosa es que las piedras preciosas; todo lo que puedes desear, no se puede comparar a ella.

Proverbios 3:13–15

VII

Herodes se acercaba a las zonas limítrofes de su potestad con el fin de esclarecer algunos asuntos diplomáticos con los sirios. Llevaba dos semanas de camino, parando regularmente en aquellas zonas que a primera vista pareciesen pacíficas. Había salido de palacio con gran parte de su séquito, estando entre ellos uno de sus consejeros de mayor confianza. Su nombre era Omar, el cual se trataba de un hombre de complexión delgada, con ojos oscuros hundidos y un rostro afilado que le hacía denotar un aspecto bastante macabro; fue éste el máximo responsable de la determinación aprehendida por parte del gobernador de acabar con todos los retoños judíos circuncidados.

Uno de aquellos días al atardecer se disponía a faldear el monte Hermón, a dos jornadas de Damasco, cuando unos informadores se le presentaron con un mensaje urgente que darle.

–¡Gran Herodes, tenemos las coordenadas de esos bastardos venidos de Oriente!–Explicó el informador.

–¿De qué me vale eso ahora?–Contestó el gobernador. –Lo que quiero es la posición del niño y su aniquilamiento, bien lo sabéis–.

–Pueden servirnos de mucho–insistió el otro espía. –Les podemos arrestar y coaccionar para que desvelen todo lo que saben–.

–¿Tú qué opinas mi fiel Omar?–Dijo Herodes dirigiéndose a su consejero. –Si de algo estoy orgulloso es de ser uno de los más directos beneficiados de tus inmejorables vaticinios–.

–Pues espero no equivocarme y que así sigas en tu postura–respondió Omar. –Te recomiendo que tal como tus antepasados fueron inflexibles con los extranjeros mezquinos, tú no te quedes atrás–.

No habían sino aparecido los primeros rayos de luz solar cuando la puerta del centurión hacía ademán de querer venirse abajo a causa de unos fuertes golpes secos propinados por una pequeña muchedumbre. Se trataba de un pelotón de soldados romanos que exigía atención a cambio de no derrumbar cualquier acceso de la entrada, por lo que los inquilinos poco tardaron en preocuparse por intentar solventar aquel posible malentendido.

Una vez abierta la puerta, los guardias herodianos quedaron atónitos al ver a uno de sus más inmediatos superiores y, en obligada actitud sumisa, le informaron del motivo de su empresa. Venían por orden directa del gobernador para arrestar a los misteriosos magos imputándoles cargos de escándalo público y de intento de fuga. Viendo la posibilidad de perder a aquellos que tan bien le habían retribuido, el militar hizo lo posible por suavizar la situación, pero por más que insistió no pudo eludir el deber de entregarlos en manos de la justicia.

–¡Quedáis detenidos por orden del tetrarca Herodes!–Vociferó uno de los soldados.

–¿Qué mal hemos hecho?– Exigió saber Gaspar.

–Ahora nada de explicaciones–contestó otro de los soldados. –Dejaos apresar pacíficamente y las represalias menguarán después–.

Aprovecharon ese momento para rodearles y llevárselos de una manera poco brusca, gracias sobre todo a la postura cooperativa por la que optaron los detenidos. Melchor, Gaspar y Baltasar eran ahora reos, pero Artabán se había marchado del habitáculo en el que descansaban recién comenzada la madrugada, por lo que había eludido de manera involuntaria el desagradable suceso.

Aunque con remordimientos por la forma en la que se había separado de sus hermanos, Artabán veía como algo quimérico conseguir amainar la fuente de emociones que lo obligaban a terminar con lo que un día se había propuesto comenzar. Llegar a ver lo más sagrado hecho hombre significaba para él dar sentido a todas las dificultades a las que se había enfrentado en la vida, que lejos de ser poco significaba mucho para una persona de su talante.

Pasados dos días con sus noches llevaba el derrotero que le aproximaba a una de las ciudades más magníficas y portentosas de todas las visibles desde el Mare Nostrum. Alejandría se jactaba además de ser el centro de sabiduría más prolífico de toda la tierra conocida al poseer la biblioteca más grande jamás construida y, sobre todo, al haber sido concurrida durante años por los mayores y más famosos eruditos del mundo helénico, tomados en muchas ocasiones por faltos de juicio, pero dotados de un talento que ni todo el oro del mundo alcanzaría para comprarlo. Paradójicamente de camino a tal ciudad el alquimista se iba a encontrar con un individuo que, creyendo ser el mesías, profería disparates sin escatimar en gastos.

–¡Y vosotros vestíos de sayal y trapo, oh hipócritas demoníacos! –Ululaba a la gente desde un altillo. –¡Cubríos de ceniza vuestras ostentosas cabezas, que si bien los dioses no os han castigado, si lo harán los genios inmundos venidos desde la mismísima ultratumba!– Sentenciaba.

Valiéndose de una de las paradas esporádicas en las que el orador aprovechaba para tomar bocado, el mago se dirigió a éste con la intención de averiguar algo más de aquel tipo de personajes que se autodenominaban profetas apocalípticos. Se llamaba Jezael y, a pesar de que su aspecto lo contradecía, aseguraba no ser más que un hombre con edad reciente para contraer matrimonio que, tras el fracaso de sus intenciones por casarse con una huérfana a la que amaba desde su edad más temprana, había decidido marchar por el mundo dejando con sus palabras a Dios como el mayor de los tiranos. Artabán comprendía que aquel hombre no estaba en sus cabales y, aunque aquello le servía como excusa para que la gente que lo escuchaba no tomase con su persona medidas drásticas, sabía que su inmunidad no se dilataría por mucho más tiempo; por eso le habló del plan que quería llevar a cabo con tal lujo de detalles que el hombre no dudó un instante en dejar lo poco que tenía y en dibujar tal expresión de agradecimiento en su tez, que a lo poco dejaba entrever su creciente deseo de seguirle hasta el fin del mundo si fuera necesario.

La medida más rápida para llegar al norte del continente negro era por vía marina. Esto suponía un gran problema ya que en aquellos lugares la gente identificaba el mar con el mismísimo infierno, por lo que la probabilidad de contar con un guía autóctono durante su travesía sería poco menos que nula.

Las cadenas de la esclavitud solamente atan las manos: es la mente lo que hace al hombre libre o esclavo.

Franz Grillparzer, dramaturgo austriaco

VIII

Su primera noche en las mazmorras les hizo recordar las penurias por las que pasaron cuando Darío era todavía vivo. Los habían separado con la intención de comparar las diferentes versiones que ofreciesen de los hechos, algo que dificultaba en gran medida cualquier intento de enmascarar la verdad durante los alegatos. El que peor lo estaba pasando era el mago negro a causa del pavor irracional que le inundaba ante cualquier amago de falta de libertad; su pulso se aceleraba en demasía y la respiración se le entrecortaba cada vez más. A todo ello se le sumaba el hecho de tener que compartir celda con un hombre que mostraba indicios claros de estar infectado por la peor afección de piel conocida, la lepra. Encadenado a la pared bien parecía estar muerto, pues no daba señal alguna de sentir la presencia de su extraordinario compañero. Baltasar no quería despertarlo, por lo que esperó a que amaneciese para suministrarle el elixir restaurador a escondidas de los guardias.

–Oiga, ¿me escucha?–Susurró Baltasar.

–¡No más latigazos por favor!–Contestó desconcertado el leproso.

–No se inquiete buen hombre–indicó Baltasar. –Tómese esto que le hará bien–dijo éste acercándole el brebaje a los labios.

Sin oponer resistencia alguna al estar sumamente sediento, el tullido se terminó de un trago todo el líquido que cabía en un recipiente improvisado. La recuperación no fue inmediata, pero sus ojos antes lacerados empezaron a mostrar que aquel remedio posibilitaba una clara mejoría. Con la certeza de que sanaría con prontitud, Baltasar procedió a aflojarle los grilletes que le imposibilitaban una circulación normal de la sangre por sus extremidades.

–¿Qué relación os une a vosotros con el bastardo?–Preguntó uno de los interrogadores a Gaspar.

–Si se lo explicase no me entendería–respondió. –Por favor, razone lo que me está preguntando–.

–¡Cómo osas hablarle así a un ciudadano romano!–Gritó el guardia mientras sus ayudantes lo abofeteaban–¿No sabes que de mí depende el que sigas con vida?–Indicó amenazante.

–Lo único que nos ligaba a la criatura era la promesa hecha a nuestro Dios–prosiguió Gaspar. –A partir de ahora él seguirá su camino y nosotros el nuestro–.

–Sin duda que sabes bien hacia donde se dirige en estos momentos, por lo que te exijo que no nos omitas ningún detalle acerca de su plan de escape–dijo el guardia.

–Más no os puedo decir sino que se dirige a Egipto–sentenció Gaspar.

Al no hallar contradicciones entre las diversas declaraciones de los magos, los guardias consideraron que la verdad no podía ser otra sino la de que la familia fugitiva se dirigía al país de las pirámides. No dudaron un instante en informar de inmediato al gobernador de la valiosa confesión realizada por los orientales y, una vez enterado de ello, Herodes se supo tranquilo al confiar en la fama que precedía a Egipto, territorio al que era muy fácil acceder pero del cual resultaba realmente dificultoso escapar. Finalmente, el rey palestino optó por desistir en su proyecto de persecución al mesías, pero no por ello absolvió a los magos para los cuales había elegido un futuro poco apetecible.

La embarcación con la que se dirigían a Sais, ciudad próxima a Alejandría, no era demasiado holgada como para acoger a un batallón, pero sí lo suficientemente espaciosa como para que cupiesen más de una veintena de tripulantes, en su mayoría sirvientes del capitán. Los únicos viajeros que no navegaban por trabajo, además de Artabán y su acompañante, eran dos aprendices de médico venidos desde la ciudad cananea de Tiro para formarse en las avanzadas, y hasta el momento insuperables, técnicas medicinales egipcias. Aunque navegaban desde hacía varias semanas al joven mago el tiempo se le había pasado de manera excesivamente fugaz, pero no en vano pudo aprovechar para ponerse al día acerca de la situación por la que atravesaba el territorio situado al norte del misterioso y conocido monte Carmelo. Si era cierto el testimonio de los jóvenes, la cuna del venerado *naví* Elías estaba siendo castigada desde hacía más de cinco años con una horrorosa guerra civil supuestamente causada por un pleito de sucesión a priori insolventable. Dos hermanos luchaban por hacerse con el cetro que un lustro atrás había legado el padre de ambos al primogénito y, como si se estuviese repitiendo la historia de Jacob, el menor quería hacerse con el poder de manera ilegítima. Huyendo de aquella algarabía, los dos mejores discípulos del prestigioso médico de la corte habían puesto rumbo a Egipto con la intención de quedarse en aquella tierra de oportunidades por una larga temporada; sus rostros reflejaban un hastío nostálgico, una fuerte tristeza que les inundaba al recordar los tiempos de paz.

Por fin el horizonte se mostraba esperanzador al hacer visibles los primeros contornos montañosos, favoreciendo una rápida actuación de los marineros que no vacilaron en preparar lo necesario para el atraque. Jezael, en vez de hacer denotar algún desequilibrio mental, había mostrado en todo momento una actitud de absoluto respeto, y a su vez de agradecimiento, hacia aquel a quien ya consideraba su mentor. Los recurrentes aspavientos con los que lograba expresar la profundidad de sus sentimientos ya no se sucedían, pero sí las constantes preguntas acerca del viaje que realizaban, y más al haber entendido que iban en busca del mesías esperado. Artabán creyó conveniente mostrarse sincero con su compañero de viaje en todas sus exigencias por enrevesadas que parecieran, pero intentó por todos los medios pasar de la manera más desapercibida posible hasta encontrarse verdaderamente a salvo de cualquier tipo de importunidad.

Una vez atracado el barco, todos quedaron asombrados al ver la gran muchedumbre que se agolpaba en los mercados anexos a los muelles, unos para ofrecer sus productos traídos de tierras exóticas a precios inmejorables y otros para hacerse con la mejor ganga posible. Los estudiantes parecieron diluirse a toda velocidad entre la multitud en busca de algo interesante que comprar, mientras que el barco zarpó desde que se apearon la totalidad de los pasajeros. Por primera vez el mago y su acompañante se encontraban a solas y, teniendo en cuenta la altura del sol, la necesidad más inmediata a solventar era la de encontrar cobijo para aquella jornada, algo que les ayudaría a recuperar las fuerzas que habían perdido días atrás durmiendo sobre tablas crujientes noche tras noche.

La medicina está dividida en Egipto, cada médico cuida una sola enfermedad, todo está lleno de médicos, unos son médicos de la cabeza, otros de los dientes, otros del abdomen, otros de enfermedades inciertas.

Herodoto, historiador y geógrafo griego

IX

Sin haberlo esperado y gracias a la providencia divina, Sais resultaba ser uno de los mayores guetos judíos del norte del país. La ciudad entera se encontraba de celebración, y según pudo saber Artabán celebraban la fiesta de las tiendas, una fiesta tradicional que rememoraba la aparición del Señor a Moisés–líder judío y portavoz de la ley de Dios–en las tiendas montadas en pleno desierto cuando el pueblo hebreo huía casualmente de Egipto en donde servían como esclavos. Aunque sin ninguna muestra de violencia, el movimiento de la gente era incesante y solamente en los lugares periféricos el ambiente se volvía ligeramente más sosegado.

Con una marcha apremiante lograron llegar a una posada antes de que la luna se acomodase en su trono sombrío; toda la entrada estaba adornada con motivos religiosos, y la famosa estrella de David colgaba del dintel de la entrada. Llamaron a la puerta esperando recibir un grato recibimiento, pero desde el interior una mujer en un tono ronco y maltratando el dialecto arameo les comunicó, con muy malos modales, que volviesen por donde mismo habían venido. Aquel lugar se había convertido en la única posibilidad de no dormir a la intemperie aquella noche, y según se podía observar desde el exterior todavía quedaban algunas habitaciones libres. Percatado de la injusticia que los inquilinos habían cometido por motivos raciales, Jezael intentó tranquilizar al estupefacto Artabán diciéndole que lo dejase en su mano.

–*Dia tí ou boezeitei emeis*–dijo en voz alta Jezael muy cerca de la entrada.

–*Umadía, anabainete filoi*–respondió una voz varonil desde el interior.

La lengua koiné era totalmente novedosa para Artabán, y gracias a la pericia de su acompañante pudieron acceder a la fonda usando la derivación más pobre del griego. El respeto que mostraban los judíos hacia el pueblo heleno era absoluto, motivado por siglos de convivencia ejemplar que en ocasiones rozaba la alianza. Esto fue aprovechado por Jezael con una doble intención. Por un lado hacía algo en favor de alguien con el que se sentía en deuda y, por otro, lograba la afinidad forzada de aquellos mejor informados acerca de los viajeros que hacían noche por aquellos contornos. Al darse cuenta de esto, Artabán se dispuso a resolver sus dudas.

–¿Sabéis si ha pasado aquí la noche una familia de Galilea?–Preguntó el mago.

–Alguna sí lo ha hecho–respondió firmemente el posadero desafiando la cautela que su mujer le exigía mediante señas.

–¿En alguna de ellas había algún hombre llamado José o quizás alguna mujer llamada María?–Preguntó Artabán intentando parecer poco interesado.

– Si mi memoria no me traiciona creo que la última pareja que se hospedó aquí se llamaba así–confirmó el posadero. –Hará dos semanas que partieron llevando consigo a una criatura.

–¿Y sabe hacia dónde lo hicieron?–Preguntó finalmente Jezael.

–Solo Adonai sabe eso– respondió el dueño de la fonda. –Poco se le podía preguntar a una familia que huía presa de un miedo atroz.

Hacía tiempo que el mago no se alegraba tanto de ver un amanecer como el de aquel día; el lugar en el que se habían visto obligados a hospedarse resultó ser bastante peor que la casa de aquel pobre pastor del desierto de meses atrás. Llovió durante toda la noche, algo que por una parte había resultado ser ventajoso al mermar considerablemente el contoneo de personas por la zona, pero que a causa de la baja calidad del material con que se había construido el techo de la vivienda las goteras se multiplicaban por todas las habitaciones, y un concierto que impedía de todas formas conciliar el sueño se prolongó durante toda la travesía nocturna. Con claras muestras de cansancio afrontaron los gastos del hospedaje y, aconsejados por los dueños del antro, emprendieron de nuevo el rumbo en dirección a la sinagoga del pueblo con la esperanza renovada de poderle seguir allí la pista a la misteriosa familia mesiánica.

Al ser una zona de pocos accesos, de numerosas llanuras y al estar todo tan sumamente bien señalizado, no les costó mucho dar con el lugar indicado. La primera impresión que se llevaron de este tipo escuelas dedicadas al estudio intensivo de la Torah fue bastante llamativa ya que, aunque estéticamente humildes, para los descendientes de los hebreos significaba tanto como la segunda casa de Dios, siendo el único lugar de consuelo disponible teniendo el templo a mucho camino de allí. Una vez dentro y al observar la calma reinante del lugar, ambos se acercaron hacia la única persona presente en el interior quien a su vez parecía ser el encargado de vigilar todo el recinto.

–Bienvenidos hermanos ¿qué puedo hacer por vosotros?–Saludó el vigilante.

–Saludos *javerim*–respondió Artabán. –Venimos desde la ciudad santa en busca de unos parientes muy próximos.

–¿Me podéis dar alguna pista?–Preguntó amablemente el judío encargado de la sinagoga.

–Se trata de una familia natural del norte de Palestina–dijo Artabán. –El cabeza de familia se llama José.

–No tengo noticias de ningún José–contestó. –De haber pasado por aquí lo hubiese sabido ya que los judíos acostumbramos a identificarnos con el nombre de la tribu a la que pertenecemos, y el nombre de José es muy raro de escuchar últimamente.

–Aun así, gracias–dijo amablemente Artabán.

–¿Creen con fe en la venida de un Mesías?–Preguntó inesperadamente Jezael.

–Hijo, no sé quién eres, pero si quieres saber la verdad haz de la Torah tu compañera de viaje–afirmó el vigilante. –Luego saca tus propias conclusiones–.

La Torah era el libro sagrado para todos los judíos, tanto para los de la diáspora como para los de la propia Judea. Se trataban de cinco rollos de pergamino en los que se resumía la historia de Israel desde sus orígenes hasta la declaración de los mandamientos de Dios facilitados a Moisés. La controversia en Egipto era muy grande en cuanto a que siglos atrás el rey griego Ptolomeo II había ordenado la traducción de dichos textos al griego, hecho que para los judíos más ortodoxos significaba una total perversión de la lengua sagrada al haber sido la usada por Dios para hacerse entender por el pueblo elegido. La exégesis resultante dio lugar a la llamada Versión de los 70, cuyo ejemplar original descansaba en la famosa biblioteca alejandrina.

Loor a ti, oh, Nilo,
que brotas de la tierra y vienes a alimentar a Egipto;
de naturaleza oculta, una oscuridad a la luz del día;
que riegas los prados,
creados por Ra para alimento del ganado todo;
que das de beber a lugares del desierto distantes del
agua; es su rocío lo que cae del cielo;

Poema Egipcio

X

No hacía ni el menor soplo de viento y el calor se hacía abrumador. Según los lugareños atravesaban el tercer mes de la estación cálida, a pocos meses del desmandamiento del Nilo para regar todo el vasto desierto. Tras la crecida del río las tierras permanecían anegadas durante semanas, hecho que precedía a todo un dilatado periodo fértil que permitía a la población guardar reservas de grano para las épocas de escasez, sobre todo para los tiempos de sequía. La peor cara de este proceso eran, sin duda, las muertes que se sucedían en aquellas poblaciones de las afueras en las que no se contaba con los medios necesarios para poder llevar a cabo un mínimo control del tiempo.

Meses antes del desbordamiento las grandes urbes acondicionaban todos sus accesos de la mejor manera posible para que las crecidas dejasen más ganancias que pérdidas, debido a que el volumen de agua desplazada alcanzaba tal magnitud que las ciudades quedaban prácticamente incomunicadas. De haber llegado en dicho periodo, Artabán se hubiese visto obligado sin ninguna duda a retroceder sobre sus propios pasos; por suerte, su ayudante estaba al corriente de todo ello ya que había vivido algún tiempo de su infancia en Alejandría a causa del oficio de pescador que desempeñaba su padre. Las costas de Cirene eran las más ricas para la pesca, y allí se estableció Jezael con su familia de la que él era segundo de cuatro hermanos. Enterado del pasado de su compañero, el mago le rogó que lo llevase a ver a algún taumaturgo egipcio, personajes que previo recibo de pecunias abarcaban tanto la sanación como al arte adivinatorio, práctica a la que el mago consideraba consultar desde hacía mucho tiempo.

La callejuela que llevaba hasta la casa del sanador estaba atestada de convalecientes; pensar siquiera en cruzar de un lado a otro solamente cabía en una mente temeraria, ya que a los impedidos había que sumarle una enorme cantidad de desechos acumulados por todo el suelo que obligaban a ser sesteados por aquel que se atreviese a dar un paso, debiendo además de tener presente el alto riesgo de insospechados contagios. Lo más impactante que mostraba el decrépito escenario era el estado de putrefacción de aquellos a los que la espera se le había dilatado más de lo humanamente soportable.

La gente que acudía a Nefertes, único sanador de Egipto que solo se lucraba en la medida de las posibilidades del interesado, se componía de personas sin recursos económicos y, por regla general, en estado de desesperación extrema. Ataviados con un pañuelo en sus bocas y valiéndose de un ímpetu propio de las milicias, Artabán y su acompañante se apresuraron por llegar lo antes posible a la morada del también adivino. Jezael conocía a Nefertes desde que era niño cuando su padre lo llevaba éste para tratar el asunto de sus arrebatos, aprovechándose así de una consulta gratuita a causa de sus lazos familiares lejanos.

–¡Gran Nefertes, ten piedad de nosotros y atiéndenos!–Gritó Jezael justo cuando la puerta estaba a punto de cerrarse.

–Volved mañana–respondió.

–¿No te acuerdas ya de uno de tus más queridos pacientes?–Preguntó con ternura Jezael. –Soy el hijo de Simón de Cirene, el pescador–añadió.

–¡No puede ser cierto lo que oigo! Ven aquí para que te vea hijo mío–contestó emocionado Nefertes. –Por fin Osiris me trae buenas noticias–dijo mientras se acercaba para abrazarle.

Una vez puestos al día de sus vidas, Jezael inició las presentaciones entre quien consideraba su segundo padre y el mago. El saludo entre ambos no fue muy caluroso, pues la inquietud que envolvía a Nefertes resultaba más que patente. Mientras que la población del norte de Egipto mostraba una tez muy clara, Artabán tenía un tono de piel muy cercano al color de las olivas, hecho que provocó en el taumaturgo cierta aversión al darse cuenta de su condición oriental. El lugar del que venían todos los males que asolaban al país era de oriente, por lo que su estancia allí hacía prever la venida de un nuevo y temible mal.

– Viene para que le leas el futuro–indicó Jezael.

–Le habrás advertido de que debe limitarse a escuchar el oráculo que los dioses tienen preparado para él–dijo Nefertes. –Nada de preguntas–sentenció.

–No lo había hecho, pero ya lo has hecho tú–respondió su pariente.

–Bien, pues escuchad–volvió a decir Nefertes justo antes de entrar en éxtasis. *–Pronto volverá la calma a la tierra del bendito, momento señalado de retorno a sus raíces. Cambiará de territorio pero no de comarca; allí crecerá en sabiduría y su espíritu será más fuerte cada vez. Comprenderá su misión y marchará por cumplirla. Y tú, hijo de Kremón...*–decía mientras clavaba sus grandes ojos azules en Artabán–*cuando lo encuentres partirás irremediablemente al ka.*

"¿Que habrá querido decir con partirás al ka?" Pensó el mago para sí.

Aunque no había comprendido la totalidad de la predicción, el alquimista se podía sentir aliviado al saber que la misión de Jesús no se vería frustrada en un futuro. La secuencia del adivino, aunque expresada en un aparente estado medio entre la vigilia y el sueño, parecía tener un orden lógico y concordar con las expectativas asociadas a un posible elegido. Jezael, sin embargo, no podía dejar de pensar en las últimas palabras del oráculo grabadas ahora a fuego en su mente. Viéndose impotente y apenas con la fuerza necesaria para transmitir un mensaje de tal calibre se resistía a creerlo, pero desgraciadamente la verdad resultaba ineludible... ir al ka no significaba otra cosa que morir.

Y sucedió que, al cabo de tres días, le encontraron en el Templo sentado en medio de los maestros, escuchándoles y preguntándoles,...

Evangelio de San Lucas

XI

La luna creciente marcaba el inicio de las fiestas sagradas, tiempo pascual en el que se soltaban a algunos presos como señal de aceptación del periodo de gracia. Persuadido en sueños por premoniciones espantosas, Herodes ordenó liberar a los reyes magos por los que aún pasase un hálito de vida. Solo Melchor y su hermano Gaspar habían logrado aguantar los suplicios que acarreaban las pésimas condiciones ofrecidas por las mazmorras romanas, mientras que Baltasar, a los pocos años de estar preso, empezó a arrastrar una fuerte infección pulmonar que desde su inició le había sumido en una profunda tristeza, pero que finalmente terminó por arrebatarle la vida. El secreto del elixir había marchado con Artabán, y así también lo hizo la vida del mago negro. Aún marcados por la pena de tan terrible pérdida, salieron al exterior con la esperanza de rehacer sus vidas algún día; sin poder todavía abrir los ojos a causa del fuerte dolor que les producía la luz del alba optaron por agradecer al Señor el simple hecho de haber podido sobrevivir, no viendo un lugar más propicio para hacerlo que el propio templo.

Situado al norte de Jerusalén, el templo construido tras la reforma del profeta Esdrás y los esfuerzos del profeta Ageo se encontraba anclado en el mítico monte Moriah, lugar en el que guiado por los designios de Yahveh el patriarca Abraham estuvo a punto de ofrecer a su hijo en holocausto, y en donde mil años más tarde el rey David construiría su palacio legendario. Era el edificio más prominente de la capital judía y sus actividades de culto disfrazaban ante los ojos extranjeros su verdadera función, la cual era la de garantizar la identidad judía dentro de la heterogeneidad racial llegada tras el asentamiento romano.

A medida que se aproximaban al santuario se fueron percatando de que algo especial estaba ocurriendo en su interior, pues así lo hacía entender la presencia de tan grandes altos cargos en uno de los días festivos menos señalados. Dentro del consejo de ancianos se podía divisar con suficiente claridad la figura de alguien que sobresalía por encima del resto; se trataba sin lugar a dudas del Sumo Sacerdote, jefe de la que era funcionalmente la asamblea suprema de Israel, el Sanedrín. El poder de dicha institución era muy grande, pues el Sanedrín tenía todos los poderes excepto el de ejecutar penas de muerte, función que en este caso competía a Roma. Aun así, la influencia sobre la nación era más que evidente; hasta el menos versado podía percatarse de que la vestimenta de su presidente le daba más aspecto de emperador que de líder religioso.

Con la curiosidad propia de quienes presencian algo por vez primera, los magos intentaron acercarse lo máximo posible para escuchar la charla que se fraguaba entre los miembros del consejo. Al rebasar los anchos pilares de la entrada que dificultaban una buena visión panorámica y tras situarse a poco menos de diez codos del moderador, se quedaron anonadados al ver cómo el protagonista del debate era un adolescente que aparentaba poco más de diez años. Recordando su adolecer auditivo, Melchor pidió a su hermano que escuchase a fondo los temas que se proferían en tan insólita situación.

El semblante de Caifás, el Sumo Sacerdote, denotaba una apariencia de total serenidad. Aun así, en ningún instante había dejado de moverse en círculos, demostrando que estaba reflexionando en gran medida cada asunto tratado durante el coloquio. Llegado el momento que creyó oportuno, señaló vigorosamente hacia el consejo en señal de que dejaba el asunto del chico en sus manos. Se formó entonces un pequeño revuelo en la sala y, en medio de todo el bochinche, Gaspar oyó claramente que el nombre del niño no era otro que Jesús. Al alzar Caifás la mano estrepitosamente todo el recinto enmudeció, y con ello se restableció la calma necesaria para continuar con el interrogatorio al increíble joven.

–¿Y por qué no podemos considerar al gran astro solar como a un verdadero Dios, así como ya lo hicieron nuestros opresores los egipcios?–Preguntó intencionadamente uno de los levitas del templo al niño.

–Porque el Señor puso el sol sobre la tierra como gran señal de días, semanas, meses, festividades, años, septenarios, jubileos y todas las estaciones, pero nunca como un símbolo de adoración–sentenció Jesús.

Esta vez el asombro ya era generalizado. La madurez mostrada por el zagal durante toda la entrevista había sido algo absolutamente fuera de lo normal; además, la última frase salida de sus labios bien podría haber salido de los de un escriba letrado, pero nunca de los de un crío que a su edad debería estar pensando en asuntos irrelevantes. Decidieron por ello llevarlo ante Herodes, pero un aviso de los soldados truncó sus intenciones.

–Su señoría, los sicarios están de nuevo formando altercados en los mercados anexos al templo–informó la guardia a Caifás. –Por su seguridad, el rey Herodes nos manda a evacuar el templo y a sacaros cuanto antes de Jerusalén–.

La multitud pareció diluirse y entre ella acechaba a hacerlo Jesús, pero los magos no perdieron su rastro y se percataron de cómo una mujer desde la escalinata del templo lo requería insistentemente gritando y llamándolo por su nombre. Éste se dio cuenta y rápidamente se apresuró en alcanzarla. Acercándose la mujer, que al parecer y según podían recordar por su apariencia se trataba de su madre María, lo abrazó y bajó junto a él las escaleras frontales del santuario, evitando así los escollos ocasionados por el tumulto. Al instante, Melchor meditó en las palabras pronunciadas por ambos en dicho encuentro, intentando escrutar en ellas un significado ulterior:

"Hijo, ¿por qué nos has hecho esto? He aquí, tu padre y yo te hemos buscado con angustia." "¿Por qué me buscabais? ¿No sabíais que en los negocios de mi Padre me es necesario estar?"

Tras bajar de su nube y ver cómo Gaspar miraba hacia él como a la espera de un veredicto, Melchor sacó de lo profundo de su ser su más férrea convicción:

–Sin duda que ese era el Hijo de Dios; el mesías por el que dejamos nuestra tierra.

¿No odian todos los pueblos la maldad? Y sin embargo todos marchan de su mano. ¿No sale de la boca de todas las naciones la alabanza a la verdad? y sin embargo ¿Hay acaso un labio o una lengua que persevere en ella? ¿Qué pueblo desea ser oprimido por otro más fuerte que él? ¿Quién desea ser despojado abusivamente de su fortuna?

Manuscritos del Mar Muerto

XII

Desde su ingreso en la comunidad de los hijos de la luz no había tenido noticia alguna de Jezael. Nunca olvidaría los buenos e irrepetibles momentos que había vivido junto a él, ni tampoco que gracias a su ayuda había logrado cruzar la peligrosa frontera de Egipto pasando desapercibido. El precio a pagar fue el de su separación, pero el premio recibido a cambio había sido la consumación de una fuerte y limpia amistad que nunca se apagaría.

Una vez llegó a Palestina se asentó en un pueblecito a las afueras de Jericó, en donde trabó relación con un hombre bastante mayor que él que compartía con el mago su fervor hacia lo divino. Tras conocer sus inquietudes no tardó en instarle a que considerase su unión al grupo que al igual que él buscaba con ansias al mesías. Se trataba de una secta conocida como la comunidad del Qumram, y su mayor peculiaridad era el hecho de que orientaban sus más insignificantes quehaceres hacia la pura santidad. Poco tardó en sentirse atraído hacia dicho movimiento y, al comprobar que las autoridades judías estaban corrompidas espiritualmente, partió sin dudarlo rumbo a las costas del Mar Muerto, lugar en el que se habían asentado siglos atrás susodichos ermitaños.

Aquel era un día que recordaría siempre. La comida en común con los hermanos piadosos significaba la conclusión de su periodo instructivo y el comienzo de una nueva etapa como miembro del ejército espiritual del Santo resto de Israel. La felicidad que por fin sentía resultaba ser más que merecida, ya que durante el primer año de iniciación había tenido que renunciar a todas sus posesiones, incluyendo las anotaciones relativas a sus descubrimientos alquímicos; además se vio obligado a jurar un voto muy fuerte de obediencia y castidad que, para los también conocidos como esenios, era la prueba más fehaciente de una creencia recta en el Señor, así como la verdadera actitud de espera hacia quien estaba por venir.

–¡Silencio! –Gritó el jefe de la comunidad– Dad la bienvenida a nuestra reciente y más que prometedora incorporación proveniente de las tierras de Transjordania–solicitó de nuevo mientras todos los comensales miraban con aprobación a Artabán.

–Me siento afortunado, gran Sadoc, de formar parte al fin de tan flamante casta sacerdotal–respondió el mago mirando agradecido al grupo. –Estoy seguro de que tarde o temprano se restablecerá en Israel el sacerdocio verdadero.

–Muy bien dicho–intervino su instructor. –Te auguro episodios de iluminación en nuestra casa que te servirán de guía en tu sendero.

–Por eso estoy aquí–replicó Artabán. –La muerte del Maestro de Justicia nunca habrá sido en vano.

El cuarto rey hacía referencia al fundador de la ahora numerosa comunidad del Mar Muerto. Aunque no formaba parte de sus propósitos, Queriz, quien tras morir sería apodado el Maestro de Justicia, había dado origen a un gran movimiento que se había extendido por todo el contorno de Idumea. Se trataba del único representante de la tribu de Leví que aún quedaba con vida, por lo que sus partidarios lucharon hasta las últimas consecuencias en favor de colocarlo al frente del Sanedrín convencidos tácitamente de su legitimidad. Tras su asesinato algunos huyeron, pero otros persistieron en sus ideales y, asentándose en el desierto, esperaban en continua oración el retorno de un Queriz glorificado e invencible.

–Artabán, hemos decidido en consejo que tu misión en la comunidad será la de interpretar las escrituras–dijo Sadoc mientras el mago se mostraba atónito. –Tu don de lenguas es algo novedoso para los miembros de esta comunidad, por lo que queremos sacarle el máximo provecho al favor que Dios nos otorga con tu llegada.

–El honor que siento ante tu anuncio es inmenso, y será ratificado en vuestro pensar–decía Artabán mientras miraba en torno–cuando veáis que todos mis esfuerzos se apoyan en la confianza que habéis depositado en mi humilde persona.

Tras la comida los hermanos qumranitas se retiraron a sus viviendas; la mayoría de ellas habían sido construidas a modo de cuevas a lo largo de todas las estepas cercanas al saladísimo mar. Su instructor, apodado *el iluminado*, lo acompañó a la que en un principio sería su residencia, la cual estaba totalmente acondicionada para el oficio de escribano. Compartiría cueva con un compañero también escriba, quien iba a funcionar durante un primer periodo como testigo discreto de sus buenos quehaceres. Se llamaba Ullim y, además de ser robusto, aparentaba una fuerza intelectual para nada desdeñable. Su nuevo colega denotaba también ser muy impulsivo, pues no hizo sino terminar de enseñarle la habitación cuando de repente, y sin mediar palabra, sacó de su cinturón un gran rollo de pergamino bastante derruido. El sabio oriental se limitó a cogerlo con sumo cuidado y a leerlo para sí:

"*Regla de la Comunidad: Para el instructor sobre los hombres de la ley que se ofrecen voluntarios para convertirse de todo mal y para mantenerse firmes en todo lo que ordena. Que se separen de la congregación de los hombres de la iniquidad para estar juntos en la ley y en los bienes y sometiéndose a la autoridad de los Numerosos... se ofrecen voluntarios para la santidad de Aarón y para la casa de la verdad en Israel, y por los que se les une para la comunidad... deberán ser examinados sus espíritus y sus obras en la ley, año tras año, a fin de promover a cada uno de acuerdo con su discernimiento, o de degradarlo según sus faltas. Que cada uno reprenda a su prójimo en el amor misericordioso...*"

–Nuestro fundador lo legó a sus discípulos pero nosotros, aunque nos queramos regir fielmente por sus preceptos, no entendemos muchas partes del mismo–indicó Ullim. –Creemos que ahora eso es tarea tuya, traducir completamente las palabras salvíficas del maestro.

Para el logro del triunfo siempre ha sido indispensable pasar por la senda de los sacrificios.

Simón Bolívar, líder revolucionario

XIII

El silencio en la sala era sepulcral. Se trataba de uno de los mayores delitos cometidos en los últimos años, que para mayor gravedad había sido culminado por uno de los hombres más cercanos al respetable Sadoc. La deshonra se respiraba en todo el recinto, pero quien más debía sentirla solo mostraba una postura de profunda decepción. Jefe de la comunidad durante generaciones y nunca creyó llegar a presenciar un suceso de ese calibre.

–Se te acusa de haber conocido a mujer. ¿Tienes algo que alegar?–Inquirió Sadoc profundamente dolido.

–Hermano mío, creo que quien profiere dichas acusaciones solo persigue perturbar la tranquilidad de nuestro apacible grupo –respondió el hermano acusado con aparente sobriedad.

–Uno de los nuestros ha visto en tus aposentos telas femeninas. ¿Qué explicación das a esto?–Volvió a preguntar el jefe de la comunidad con la esperanza de oír algo tranquilizador.

–¡Ah! Eso,...son telas de mi difunta madre que me traje conmigo al ingresar en la hermandad. No se las facilité a mi instructor durante el periodo de iniciación por miedo a perderlas–volvió a contestar el acusado un poco más incómodo esta vez.

–¡Oh impostor! ¿Cómo te burlas así de nosotros? Fulmíneme un rayo aquí mismo si el olor a azahar que desprendían esos trapos no era asfixiante–espetó Ullim desde el fondo de la sala mientras el acusado parecía desplomarse.

–Lo que voy a decir me duele más a mí que a ningún otro de los aquí presentes, pero tenemos pruebas definitivas–dijo Sadoc secamente. –Tu pecado ha sido palmario, consentido y consciente, por lo tanto inexpiable por nuestras vías de purificación. Desde nuestro más profundo pesar te comunicamos que tu justo castigo será el destierro al inescrutable paraje de las bestias.

La zona sur de Palestina era uno de los peores lugares en los que una persona podría sobrevivir. Si no moría de sed, el condenado tendría que cruzar, en no menos de veinte días, todo un paraje inundado de animales salvajes para los que la carroña era más que un manjar, además de tener que evitar milagrosamente la infinidad de probabilidades de ser alcanzado por una de las mortales picaduras de los temibles escorpiones negros. Percatado de la dureza de su condena, el reo soltó un profundo grito de desesperación ante la mirada atónita de todos los presentes, pero no por ello dejó de facilitar la labor de sus hermanos los cuales no tuvieron ni siquiera que agarrarle para llevarle a los calabozos.

A Ullim le hubiese encantado que su compañero escriba hubiese presenciado tan flamante acto de justicia, pero nadie mejor que él sabía que la labor del mismo era demasiado importante y que por ello no le estaba permitida ninguna distracción que pudiese poner en peligro la traducción de tan venerables escritos. Precisamente esa era una de las tareas más importantes que *el iluminado* le había encomendado a su fiel espía, proteger al nuevo y a su vez vigilarle. Viniéndole a la mente esta última idea y a razón de su insuperable talante desconfiado, se apresuró en llegar a la cueva lo más rápidamente posible.

–Artabán, te has perdido uno de los juicios más impresionantes de los últimos años aquí en Masada–gritó Ullim nada más cruzar el umbral de la entrada.

–No creas que ha sido en vano–respondió el mago. –En pocos días tendréis lo que me habéis pedido.

–¡No puede ser!–Dijo Ullim con asombro. –Eres tan sorprendente como el Bautista.

–¿Quién has dicho?–Preguntó Artabán desconcertado mientras dejaba a un lado las herramientas–.

–¡Ah, es verdad! Nunca te había hablado mi anterior compañero de comunidad–indicó su colega. –Mucho antes de tú llegar compartí vivienda durante algunos años con una persona realmente extraordinaria–prosiguió Ullim mientras la curiosidad de Artabán empezaba a dispararse. –Si te dijese que era una de las personas más queridas en toda la comarca del Mar Muerto estaría siendo cauto, pues la rectitud con la que emprendía sus quehaceres pronto le hubiesen llevado a suplir al gran Sadoc como jefe de todos los esenios–continuó diciendo el espía. –No se sabe muy bien cómo, pero el bueno de Juan renunció al gran futuro que tenía entre nosotros por irse a vivir al desierto de Samaria, dedicándose allí únicamente a bautizar y a hacer penitencia con miras a purificarse ante la próxima y más que inminente llegada de Yahveh, según y como él nos daba a entender con sus palabras poco antes de su desunión–.

Una fuerte tormenta les sorprendió justo antes de realizar la expiación comunitaria. Por desgracia tendrían que sacrificar los animales en el interior del tabernáculo, sabiendo que el hedor producido por las tripas penetraría en su interior y se mantendría durante semanas al escasearles los inciensos que aminoraban tales efectos. Hacía varios años que no caía una tromba de agua tan abundante, pero al ser la primera vez que Artabán presenciaba un acto de aquel calado ni siquiera notaría la diferencia de la improvisada ubicación. El sacerdote que iba a llevar a cabo el holocausto había sido informado con antelación por Ullim de la hazaña del nuevo hermano, por lo que anunció en voz alta que aquel sacrificio se ofrecía en favor del mago y de su bienaventuranza. Sorprendido al oír aquellas palabras, el de Asur se inclinó en forma de reverencia en dirección al altar y acto seguido se sacralizaron todas las primicias de la ofrenda. La sangre derramada simbolizaba un nuevo perdón misericordioso y una nueva alianza con el Señor por la que quedaba acordada una mayor celeridad en la llegada del mesías, así como la victoria definitiva del ejército de la luz sobre el de las tinieblas al final de los tiempos.

Hubo un hombre, enviado por Dios: se llamaba Juan. Éste vino para un testimonio, para dar testimonio de la luz, para que todos creyeran por él. No era él la luz, sino quien debía dar testimonio de la luz.

Evangelio de San Juan

XIV

Juan el Bautista se había convertido en el mayor guía espiritual de aquella pobre gente. Nunca imaginó que aquella decisión tomada sin pleno convencimiento llegase a tener tal influencia y ni mucho menos a alcanzar tal magnitud. Sin necesidad de censo bien se podía concluir en que la proporción de personas establecidas a las orillas del Jordán ya alcanzaban el millar; se trataba de algo absolutamente novedoso por aquellos contornos, ya que ni aun en la época patriarcal el número de integrantes por tribu había aspirado siquiera a igualar dicha cantidad. Esto era preocupante sobre todo para las autoridades, quienes ya habían puesto manos a la obra para investigar a fondo lo sucedido en aquel insólito lugar.

Desde que se fue a vivir a aquella zona Juan decidió vestir únicamente con un atavío de pelo de camello que sujetaba a su cuerpo mediante un cinto de cuero alrededor de sus lomos. Además, lo único que le servía como alimento en aquel desértico paraje eran las langostas y la miel silvestre. Dicha actitud, típica de los enfermos de espíritu, tenía una explicación mucho más profunda de la que sus seguidores creían. Nadie sabía que Juan era hijo del anterior Sumo Sacerdote Zacarías y que su estirpe había desaparecido tras la renuncia del Bautista de suceder a su padre en el templo. Esta decisión la había tomado al considerar que la pureza exigida por el levítico para todo aquel que fuese a acceder al sacerdocio no había sido respetada desde los tiempos del asentamiento griego en tierras judías.

La superlativa audacia del espía herodiano dentro del círculo interno bautista le había reportado inmejorables beneficios al haber conseguido convertirse en uno más dentro del grupo. No solo estaba al día de hasta el último detalle del inofensivo movimiento, sino que además había recibido potestad por parte de la comunidad para ser uno de los bautizantes. Solo era un niño cuando Natanael se había puesto en manos del gobernador para ser formado en las técnicas de espionaje más efectivas y sigilosas del oriente medio, siendo a los siete años de entrenamiento el momento oportuno para poner a prueba sus dotes y ser mandado en solitario a indagar aquella inexplicable marabunta de gente que algún día podría llegar a perjudicar la salubridad del río de la vida.

–Como está escrito en Isaías el profeta–dijo en voz alta el predicador comunitario– *He aquí yo envío mi mensajero delante de tu faz. El cual preparará tu camino delante de ti. Voz que clama en el desierto: Preparad el camino del Señor; enderezad sus sendas*– concluyó–.

–¡Atención! Debo comunicarles algo en relación a ese pasaje– Dijo Juan en voz alta acomodado sobre un montículo. –Al atardecer vendrá alguien demandando ser bautizado de quien no soy digno de desatar encorvado la correa de su calzado–tras una breve pausa continuó. –Yo la verdad os he bautizado con agua para arrepentimiento; pero el que viene tras mí, cuya cáliga yo no soy digno de llevar, es más poderoso que yo; él os bautizará en Espíritu Santo y fuego–.

–Pero maestro ¿quién puede ser más grande que tú? –Preguntó Natanael.

–A partir de hoy ya no me llamaréis maestro–replicó Juan en medio del asombro generalizado. –Descubriréis que él es el único y verdadero maestro, pues no ha nacido de mujer un hombre más alto que éste–.

–¿Le conocemos?–Profirió una voz desde dentro del tumulto.

–A Jesús el Nazareno nadie lo conoce bien–sentenció.

No podía ser verdad lo que acababan de oír. Toda aquella parafernalia se había sucedido únicamente para el anuncio de alguien totalmente desconocido pero a la vez venerable. La indignación pronto se dejó ver, y la sensación de que se iba a producir una revuelta cada vez se intensificaba más. Intentando aliviar el malestar latente, algunos de los más cercanos al líder se dirigieron a la multitud apostada en la llanura con la propuesta de calmar los ánimos hasta el advenimiento de la sinuosa visita. Pero Juan, en ningún momento indiferente a lo que sucedía a su alrededor y lleno de ira, arremetió contra las gentes.

–¡Oh generación de víboras! ¿Quién os enseñó a huir de la tribulación venidera?–Preguntó amenazante. –Haced, pues, frutos dignos de arrepentimiento, y no comencéis a decir dentro de vosotros mismos: "Únicamente tenemos a Abraham por padre", porque os digo que Dios puede levantar hijos a Abraham aun de estas piedras–dijo–. El hacha ya está puesta en la raíz de los árboles; por tanto, todo árbol que no da buen fruto se corta y se echa en el fuego–.

Y la gente le preguntaba diciendo: –Entonces, ¿qué haremos?–. Y él, respondiendo, dijo: –El que tenga dos túnicas, dé al que no tiene; y el que tiene que comer, haga lo mismo–.

Se acercaron entonces unos publicanos preguntando cómo debían actuar en su caso y éste les contestó: –No exijáis más de lo que os está ordenado–. También le preguntaron unos soldados, diciendo: –Y nosotros, ¿qué haremos?–. Y les dijo: –No hagáis extorsión a nadie, ni calumniéis; y contentaos con vuestro salario–. Con éstas y otras muchas exhortaciones comenzó a anunciarles las buenas nuevas a la gente, las cuales postergó al divisar a muy poca distancia a la persona que esperaba.

–He ahí el Cordero de Dios que quita el pecado del mundo–gritó. –De él es de quien os hablaba–.

Y fue cuando Jesús se le acercó para ser bautizado igual que el resto, cuando el Bautista se le opuso diciendo: –Yo necesito ser bautizado por ti, ¿y tú vienes a mí?– Pero Jesús le respondió: –Deja ahora Juan, porque así conviene que cumplamos toda justicia–.

Nada más salir Jesús del agua el espíritu divino se posó sobre él en forma de paloma, y de manera inesperada se oyó un voz desde el cielo que decía: "Éste es mi Hijo amado, en quién Yo me complazco".

Al ver tal prodigio la gente postró rostro en tierra y alabó la fuerza de su dios Yahveh.

Desgraciada la generación cuyos jueces merecen ser juzgados.

Sentencia del Talmud

XV

Se acababan de cumplir treinta años de mandato del emperador Tiberio. Todos los territorios romanizados estaban celebrando un esplendoroso y pacífico gobierno solo comparable a los tiempos del genial cayo César. Pero si bien la algarabía de las fiestas traspasaba límites insospechados, no era menos verdad que la tierra prometida no era propicia para promover tales actos, vetados definitivamente hasta por los judíos más laxos por su inclinación a la idolatría. El único lugar en el que se le daría honores a Roma sería en el palacio de Herodes Antipas, en la misma ciudad en la que veraneaba su padre Herodes el Grande, en Jericó.

Merecidamente, el jefe esenio Sadoc había elegido a Artabán como compañero de viaje; un viaje que tendría como destino la ciudad más antigua del mundo. De no ser por el mago jamás habrían advertido la necesidad de actualizar constantemente las escrituras para su idónea conservación, y por ello no vieron a otro representante mejor preparado que él para asistir a la fiesta del gobernador. Paradójicamente la idea parecía gustar más a todos que al mismo agraciado, pues lo cierto era que en lo más profundo de su interior se entremezclaban dos sentimientos, uno de emoción y otro de temor. Le resultaba incómodo saber que Antipas, al igual que su padre, perseguía el ideal opuesto al de los magos una vez identificado el mesías, pero aun así le tranquilizaba el hecho de haberse dilatado tanto en el tiempo el asunto de las matanzas y la buena noticia de que jamás se habían vuelto a repetir.

Las provisiones con las que pusieron rumbo a Palestina eran más bien escasas, ya que partían de la idea de que a lo máximo en tres días llegarían a algún pueblo en el que comprar sustento. Los caballos árabes con los que iban tampoco destacaban por sus capacidad de carga, pero su velocidad los convertía en los idóneos para llegar lo antes posible al lugar en cuestión.

Llegaron de noche. Atestada de antorchas la ciudad de Jericó alcanzaba a divisarse desde unos pueblos vecinos en los que gobernaba la penumbra. Al igual que en otros territorios estratégicos las murallas solapaban la totalidad de la población, y la única entrada a la ciudad se encontraba en la parte oriental de la misma; en dicho acceso un número significativo de soldados se había habilitado para identificar a todos los que pretendían acceder al interior del fortín previa exigencia de las credenciales pertinentes, pero a Sadoc lo reconocieron sin necesidad de mediar palabra y rápidamente lo condujeron a él y al mago al palacio en el que se celebraban las fiestas.

Aquella noche Herodes daba una cena a sus príncipes, tribunos y a los principales de Galilea; tras enterarse de la llegada de Sadoc no dudó en convidarlo a la mesa del banquete en medio de grandes anuncios y honores. Llegada la mitad de la velada, comandada en su mayoría por conversaciones militares, el gobernador solicitó la presencia en la habitación de la hija de su amante Herodías, la cual afamaba de una belleza y de unos movimientos dignos de gozo.

Al entrar en la presencia de los comensales su fama quedó ratificada. Se trataba de una joven bastante hermosa, de complexión delgada y dotada con un cabello dorado que le llegaba liso hasta la cintura. Hasta el momento en el que decidió quitarse el velo que llevaba asido al rostro había quedado en secreto el mayor de sus atractivos, que para el deleite general se trataba de unos ojos más verdes que las mismas gemas. Además, no hizo sino comenzar a danzar cuando los espectadores se vieron presos de sus encantos al sentir el inevitable embriago de un éxtasis sensual.

–Pídeme lo que quieras, y yo te lo daré–dijo el rey ensimismado al concluir el recital. –Todo lo que me pidas te daré, hasta la mitad de mi reino–volvió a decir en tono de juramento.

Apeándose por un breve espacio de tiempo del salón la indecisa joven preguntó a su madre: –¿Qué pediré?–. Y ella, respondiéndole sin dubitaciones, le dijo: –La cabeza de Juan el Bautista–.

Juan el Bautista se encontraba en las mazmorras desde hacía días. Su movimiento generaba dudas y, contradiciendo la costumbre, había sido indultado de la pena de muerte porque en las pocas audiencias que tuvo con el rey demostraba hablar con sabiduría. Solo le hacía un reproche al soberano en sus discursos, y era que no consideraba lícito el hecho de que hubiese optado por tomar como esposa a la mujer de su difunto hermano. La noticia, lejos de caer en vano, parecía haber trascendido al llegar a oídos de Herodías sin sentar demasiado bien.

Tras esto, la bailarina entró prontamente a la sala del convite y le hizo su petición diciendo: –Quiero ahora mismo me des en un plato la cabeza de Juan el Bautista–.

Los representantes qumranitas quedaron impresionados al oír las palabras de la joven, tanto que Artabán no pudo resistirse e hizo ademán de levantarse para deshacer aquel entuerto. Percatado de las intenciones del oriental el jefe esenio se apresuró en advertirle, mediante golpes por debajo de la mesa, que desistiese en sus propósitos. Tampoco se alegró mucho Herodes de lo que la muchacha requería, pero a causa del juramento y de los que estaban con él a la mesa, no quiso defraudarla. Enseguida envió a uno de la guardia y mandó que le fuese traída la cabeza de Juan; el guardia, siguiendo la orden recibida, procedió a decapitarle colocando la cabeza en un plato que terminó en brazos de la joven. Ella, horrorizada y sin todavía poder creer la frivolidad con la que había actuado su progenitora, le entregó la bandeja a Herodías.

La pesadumbre que sintió el rey en un primer momento quedó aliviada al recordar que, cuando su padre era todavía vivo, se habían gastado muchos recursos en perseguir a un profeta subversivo cuya descripción coincidía a la perfección con la del Bautista. Contrariamente, Artabán había quedado conmocionado al darse cuenta de que tendría que aligerar si realmente deseaba encontrar a Jesús con vida.

La primera semilla del alma racional es la esperanza; ella es la fuente de la vida.

Filón de Alejandría, filósofo judío

XVI

Sadoc ansiaba que la tierra le tragase. Si pésima era la noticia de la brutal pérdida de Juan el Bautista, todavía fue peor, en un momento como aquel, la desaparición del mejor escriba de los que el Mar Muerto había sido testigo. Le causaba profundo pesar el hecho de que alguien tan sabio y bondadoso hubiese decidido desaparecer de aquella misteriosa manera. También era consciente de que el viaje de vuelta le resultaría interiormente eterno, ya que nada más llegar, obligado a comunicar la peculiar muerte del hijo de Zacarías a sus fieles, más de la mitad de los mismos abandonarían en pocos días el grupo. Por todo ello, queriendo pasar el mal trago cuanto antes, pensó hacer en un día el viaje que poco tiempo atrás le había costado tres.

Partió a la mañana siguiente llevando consigo a su jumento al que cargó únicamente con un recipiente menudo de agua. Se había despedido del rey tras pasar toda la noche realizando malabarismos emocionales que ocultasen el profundo resquemor que sentía hacia él. Nunca olvidaría un acto tiránico tan bajo que no le serviría sino para enconarse y necesitar más que nunca del saludo caluroso y trasparente que solo Ullim sabía brindar.

Agotado tras el viaje y antes de comparecer ante la comunidad, el jefe esenio se dirigió a la cueva de los escribas. Allí se encontró a Ullim, quien nada más verlo le recibió como esperaba. Tras narrarle lo fatídico del viaje, le comentó al viejo escriba que solo una cosa le había alegrado la travesía en los momentos finales, y era que inesperadamente había encontrado en sus ropajes un manuscrito firmado por Artabán en el que afirmaba cosas espectaculares. Su ex compañero, impulsivo como siempre, se lo arrebató de las manos al superior y comenzó a leer:

“Mensaje de Artabán, Rey Mago de Oriente:

Cuando me dieron la noticia no fui capaz de creerlo; pero era verdad lo que anunciaban las escrituras: El Mesías estaba a punto de nacer y la señal de su llegada se haría visible en el firmamento. La señal apareció y la criatura nació creciendo en lo oculto. Mi Dios me urge a que me encuentre con él, y aunque os agradezco lo mucho que habéis hecho en mi favor, la muerte de Juan el Bautista confirma mis sospechas de que el mesías actúa en Galilea y hacia allá pongo rumbo. Espero poder abrazaros de nuevo, pero por si no lograse hacerlo en los días que me quedan de vida, os quiero regalar lo más valioso que tenía hasta el momento en conoceros. Entre mis anotaciones encontréis la fórmula por las que muchas personas han dado todo lo que tenían, afortunadamente, de manera inútil; a mí ya no me vale de nada porque no aspiro a vivir más que el elegido, pero si queréis estar despiertos cuando aparezca el Maestro de Justicia os recomiendo que encontréis los ingredientes y elaboréis el elixir de la vida eterna.”

El que come mi carne y bebe mi sangre, tiene vida eterna, y yo le resucitaré el último día.

Cita del Nuevo Testamento

XVII

Había llegado el momento de dejar su hogar y de poner rumbo hacia la misión a la que se sentía llamado. Por suerte, ya se había forjado un pequeño pero compacto grupo de discípulos que, si bien seguía discurriendo sobre lo acontecido en el cielo de Bethabara, sentía poco aplomo ante un futuro opaco al que osaba plantar cara. Jesús solía hablar con ellos de manera muy serena, pero al hacerlo con la gente parecía transformarse. Su estilo a la hora de dirigirse a las multitudes era bastante autoritario, dando la sensación de que la potestad con la que lo hacía viniese de una fuerza mayor ajena a él. Se valía de gestos muy marcados sin alcanzar tonalidades violentas, y de lenguajes muy sencillos pero no menos profundos, como los que usó uno de aquellos días al llegar a las repletas costas de Tiro.

–Bienaventurados los pobres en espíritu, porque de ellos es el reino de los cielos. No habrá quien llore sin ser consolado, ni nadie con hambre de justicia que no sea saciado–dijo. –Os aconsejo que hagáis oídos sordos ante cualquier imposición farisaica, porque ellos pretenden ser reconocidos como puros por los hombres, pero traicionan con ello el verdadero espíritu contrito y servicial que Dios reclama a quienes lo aman–concluyó.

–Rabbí, ¿no te preocupa que nos persigan hasta el punto de querer darnos muerte?–Preguntó Bonaerges, el más joven de entre los discípulos. –Ya sabes de las amenazas que nos lanzaron en la sinagoga–.

–De llegar ese día solo os digo que gozaos y estad alegres, pues quien muera por mí no lo hará para siempre–sentenció–. Mas aun vosotros que lo habéis dejado todo por mí recibiréis cien veces lo perdido–.

Tras esto volvieron a dirigirse a la población de Cafarnaúm de la que habían salido, llegando a ella dos días más tarde. Una vez llegaron al pueblo se corrió rápidamente la voz de que Jesús había vuelto a casa, e inmediatamente se volvieron a ver rodeados de una gran masa de gente. Fue entonces cuando vinieron a él unos trayendo un paralítico, el cual necesitaba ser llevado por cuatro personas situadas cada una a un extremo de la camilla. Como no podían acercarse a él a causa de la multitud que se amontonaba a la puerta, decidieron agujerear el techo de la casa en la que se encontraba para terminar bajándolo hasta su presencia. Al ver Jesús la fe con la que habían ido en busca de su ayuda le dijo al paralítico:

–Hijo, tus pecados te son perdonados–.

Oyendo esto los escribas que allí estaban pensaban para sí:

"¿Cómo se atreve a hablar éste así? Blasfema. ¿Quién puede perdonar los pecados más allá de Dios?"

Y sintiendo que pensaban de aquella manera, Jesús dijo en voz alta:

–¿Por qué caviláis así en vuestros corazones? ¿Qué es más fácil, decir al paralítico t*us pecados te son perdonados* o decirle *levántate, toma tu lecho y anda*? Pues para que sepáis que el Hijo del Hombre tiene potestad en la tierra para perdonar pecados...–dijo justo antes de dirigirse al paralítico–, a ti te digo levántate, toma tu lecho y vete a tu casa–.

Entonces él se levantó enseguida, y tomando en su mano derecha la camilla salió ante los presentes de manera que todos se asombraron y glorificaron a Dios diciendo:

–Nunca hemos visto cosa igual–.

Jamás se llegó a sentir un hombre completamente libre. Su cautiverio espiritual había durado más de treinta años, pero por fin tenía noticias esperanzadoras sobre la actividad exitosa de Jesús. Se había enterado de que mantuvo un tiempo relación con Juan el Bautista y que incluso llegó a ser bautizado por él en medio de una gran expectación. También sabía que la fama del mismo ya era una realidad que no tenía límites y que cada vez se intensificaba más. Como era de esperar, acompañaba sus enseñanzas de grandes prodigios que suscitaban en la gente la necesidad inevitable de postrarse ante ellos, pero un talante misericordioso y compasivo daba lugar a que el populacho necesitase cada vez más de su persona y que en no pocas ocasiones anhelasen proclamarlo rey.

Como nunca antes Artabán ya sabía bien hacia dónde dirigirse. Las conversaciones de los pueblerinos situaban a Jesús en las inmediaciones de Cafarnaúm, la primera ciudad hebrea que pisó el oriental y la única a la que nunca más hubiese querido regresar. Aun así, e inevitablemente, tendría que enfrentarse a sus recuerdos de destrucción y, a su vez, contemplar al que sería el verdadero consuelo de todo ello por voluntad del Absoluto.

El caballo que le habían facilitado los esenios ya no daba más de sí, por lo que consideró que lo mejor sería cambiarlo por un rucio y así lo hizo. Consiguió además en el trueque un pequeño beneficio con el que llenó de alimentos su bolsa lo suficiente como para poder cumplir sus objetivos sin llegar a pasar hambre. Ya aproximándose al pueblo de los pescadores se percató de que un hombre yacía malherido a las orillas de uno de los caminos reales. Se bajó rápidamente de su asno y se cercioró de que aún vivía. Apenas podía hablar, pero por lo que el mago logró entender entre sus gemidos se trataba de un ajuste de cuentas que había terminado de aquella manera. Inmediatamente le dio de comer y, mientras éste lo hacía, él procedió a aliviar con aceite las heridas que se multiplicaban por todo su cuerpo. Recuperando fuerzas comenzó a balbucir cosas relacionadas a un complot por parte de los poderosos judíos en favor de acabar con un hombre que no había hecho ningún mal y que al parecer se urdía únicamente por envidia. Justo en ese momento fueron rebasados por un sacerdote y un levita que, girándose para contemplar la escena, parecieron reconocer al herido. Sin mostrar mucha preocupación por su lamentable estado comunicaron a Artabán que ellos se harían cargo de él, pero en cuanto éste los oyó comenzó a proferir maldiciones de manera que parecía estar endemoniado.

–¡Todo lo que hacéis es pura hipocresía!–Gritó. –¡Vuestro único sustento son las lisonjas humanas!–

–Por favor, no haga caso a lo que dice este pobre hombre–dijo el levita al mago. –Lleva más de cuarenta años errando por el valle de la locura–.

Muy a su pesar hizo caso de lo que le decían, pero algo en su interior le hacía pensar que aquel hombre no estaba del todo fuera de sus cabales. Tras el intercambio de pareceres, el sacerdote ordenó a su subalterno que lo recogiese aprisa puesto que él tenía prohibido tocar cualquier cosa impura como prescribía la Torah. Llegaron a rehusar la ayuda que Artabán les ofrecía al preocuparse más en acabar con aquella propaganda amenazante que en recibir alimentos de uno al que consideraban como desconocido, algo que consiguieron a la perfección teniendo en cuenta que poco más tarde parecía que allí no había pasado nada.

Ahora sí podría morir tranquilo. Era casi imposible que un agolpamiento de hombres tal lo hubiese originado un cualquiera por mucho don de gentes que alardease tener. Sorprendentemente estaba más cerca del mesías que nunca, siendo el último obstáculo a superar un número considerable de personas apelotonadas. Si una cosa se podía oír dentro de aquel tumulto eran ciertamente gritos de alabanza y de exaltamiento hacia el hijo de David, al que creían ciegamente tener por fin entre ellos. Desesperado tras largos años de esperas y frustraciones no lo dudó dos veces y se aventuró a mezclarse entre la multitud. Fue entonces cuando comenzaron a caer del techo de la vivienda en la que se encontraba Jesús grandes trozos de tejas que por su tamaño se volvían altamente peligrosos. La mala fortuna hizo que uno de los escombros más grandes viniera a caer sobre la cabeza de Artabán, quien acto seguido cayó fulminado al suelo. Por su deficiente grado de consciencia le parecía haber dado con sus huesos en el Sheol, pero la realidad era que todavía le quedaba un resquicio por el que percatarse de alguna manera de lo que sucedía a su alrededor. Se formó entonces un corrillo en torno a él, del cual salieron varias personas a intentar reanimarle. Viendo que resultaba ser un imposible y que no paraba de llamar a Jesús con las pocas fuerzas que le quedaban, un pequeño grupo accedió al interior del habitáculo de manera urgente.

–Maestro creemos que ahí fuera se puede encontrar uno de tus discípulos, pues no para de nombrarte aun desangrándose como está –informó uno de ellos.

Tras oír las palabras del extraño el rostro de Jesús cambió de expresión completamente. Abriéndose paso entre los presentes preguntaba por el hombre que estaba a punto de expirar. Uno de sus familiares, que se había encargado de vigilar desde el exterior la posible llegada de soldados romanos, le indicó con un ligero movimiento de cuello el lugar exacto del moribundo. Al llegar a éste se arrodilló y arrimó su oído lo más que pudo a los labios de Artabán quien, dirigiéndole su mirada agonizante, le dijo en tono de súplica:

– Perdóname Rabbí, llegué demasiado tarde.

Pero Jesús se le acercó aún más y agarrándolo suavemente de la mano le susurró:

–Has llegado hermano. Ahora vete en paz.

"Toda una vida para buscarte; solo un segundo para encontrarte".

MIX
Papier aus verantwortungsvollen Quellen
Paper from responsible sources
FSC® C105338

Printed by Books on Demand GmbH, Norderstedt / Germany